ものと人間の文化史
156

輿《こし》

櫻井芳昭

法政大学出版局

輿・目次

まえがき

人類は生活に必要な多くの物を、他から運搬して入手する。その方法は、まず、自分の筋力に始まり、畜力や自然界のエネルギーも利用している。陸上交通での乗用具の代表は、古くは牛や馬、らくだ等の動物、そして、車や橇《そり》、輿や駕籠などの道具を活用し、今日では汽車や電車、自動車を多用するようになった。

人類は直立の二足歩行であるため、多様な人力運搬方法を工夫するとともに、それに合った運搬具を発達させた。『文化人類学事典』によれば人力運搬は使う部位によって、頭、背、肩、腰、手と腕の五種類四六類型に分けられている。このうち、人間を運ぶのは、背負い、肩担ぎ、手と腕持ちである。背負い運搬では「しょいこ」などを使えば、山岳地や沼沢地など足場の悪いところで、けが人や病人を安全に運ぶことができる。肩を使う方法はいろいろあるが、長距離の場合は棒を用いて前後を担ぐ肩輿や駕籠の方式が有効である。手持ち運搬では両手で長柄を持って二人以上で輿に乗った人を運ぶ腰（手）輿や小輿、担架などが使われている。

人類が考案して使ってきた運搬方式は多様であり、各方式に適合した特色ある乗用具を各地域や民族ごとでつくり出して改良を加えてきたのである。

主題とする「輿《よ》」の意味について『大漢話辞典』をひいてみると、一つは「車の軾《しょく》（前部にある横木）と較《かく》（両輪の上に組み合わされた横木）に囲まれた人を乗せる部分をいい、大車では箱と呼ぶ」とある。もう一つは「輿《こし》」の読みで、越、運越、腰輿の意味で、「こえていくもの」を表している。「てごし（たごし）」は、「両手で舁くこしで、舁車、轝と同じ意味」という。乗用具としての輿《こし》は後者の意味といえよう。

日本の乗用具のうち、各時代を代表するものは、奈良時代までは輿、平安時代は牛車、鎌倉・室町時代は騎馬、江戸時代は駕籠、明治時代は人力車や汽車であり、現代は自動車時代といえよう。こうしてみると、時代の変わり目に乗用具も変化していることに注目したい。また、世界の四大文明発生地域と比較すると、日本は車輪のある乗用具の使用がきわめて少ないことが特色である。

こうした状況の中で、輿は天皇の乗り物として、古代から明治初期まで一二〇〇年以上にわたって一貫して使用されてきた。この間、時代の変化に対応して、日本での乗り物も大きく変化するが、天皇の乗り物には輿が用いられてきて変化しなかった。これには、日本固有の文化と日本人の考え方が反映されているように思えてならない。

輿は現代では乗用に使われることはないが、輿に関わる伝統や形態、用語等は随所に見ることができる。とくに、神輿《みこし》は輿の延長として現在も各地の祭礼の基本形態として定着している。また、人生の最大のイベントである結婚のことを「輿入れ」といいならわしている。これは自宅の座敷で輿に乗り、婚家の奥座敷までそのまま乗り入れることからきている。これは天皇行幸での出立と到着のシステムと同様の所作の慣例が、日本の庶民の伝統として昭和時代まで長く残存し、現在は言葉だけが継承されているのである。こうした背景には、輿が神聖な天皇の乗り物であり、乗用具の中で最高の憧れであることを象徴している。

日本での乗り物の歴史における輿の特徴と現在の日本文化への影響についてまとめてみたい。

第1章

乗り物としての輿

一　日本での輿の変遷

奈良時代まで

輿が文献上で初めて見えるのは、『日本書紀』の神武天皇三一年（紀元前六三〇）で、「皇輿巡幸、腋《わき》の上《ほとり》の嗛間丘《ほほまのおか》に登り、国の形状をぐるっと望み見た」とある。神武天皇については、その存在にも疑義があることから、この皇輿の記述についても史料的な信憑性は疑わざるを得ない。また、垂仁天皇一五年（紀元前一五）には、

秋八月壬午朔。立㆓日葉酢媛命㆒為㆓皇后㆒。以㆓皇后弟之三女㆒為㆑妃。唯竹野媛者。因㆓形姿醜㆒返㆓於本土㆒。則羞㆓其見㆒㆑返。到葛野自堕㆑輿而死之。故号其地謂㆓堕国㆒。今㆓弟国㆒訛也。

とある。これは丹波から妃として五人を召して長女の日葉酢《ひばす》媛を皇后とし、三人を妃としたが竹野媛は容姿の醜さから実家に返されることになり、これを羞じて悲嘆した媛が、葛野に着いたとき、自ら輿から堕落して亡くなったという内容である。この記述の信頼性については疑義もあるが、天皇の行幸や姫の通行など高貴な人の乗用具として輿が登場していることに注目したい。

このほかに『日本書紀』には、天武元年（六七三）天智天皇の弟大海人皇子（後の天武天皇）が壬申の乱の際、東国へ出発したときは急なことであったので乗馬もなく徒歩であったが、ほどなく県犬養連大伴の鞍をつけた馬と出会ったので、これに乗られた。そのとき、皇后（後の持統天皇）は輿に乗って従っている。こうしてみると男性は馬、高貴な女性は輿であったことがわかる。また、持統一〇年（七〇〇）冬一〇月には、詔《みことのり》があり「右大臣多治比真人嶋に輿と杖を賜った」ことが『続日本紀』に記載されている。この時代の輿は天皇、皇后など特別高貴な人の限られた乗り物であった。こうしたときに、長年にわたってつかえた官職を辞して隠居することになった近従の筆頭である七七歳の多治比真人に、「高年を優《めぐ》めばなり」という理由で輿と霊寿杖（竹に似た節のある椐でつくった杖）を下賜したのである。高齢時に輿に乗って外出することができ、多治比真人にとっても最高のプレゼントになったといえる。また、このとき資人（官職に応じて朝廷から賜わる雑用、使役に供せられた者）一二〇人を与えられている。

天皇が御輿に乗ったことがわかる最も古い史料は、『万葉集』巻一所収七八番の題歌の記載に、「和銅三年庚戌二月、藤原宮より寧楽《なら》宮に遷《うつ》りしときに御輿を長屋原に停めて、古郷を廻望みて作りたまいし歌」

飛ぶ鳥の明日香の里を置きて去《い》なば　君が辺は見えずかもあらむ

（飛ぶ鳥の明日香の故郷を後にして行ってしまったら、あなたのあたりは見えなくなりはしないだろうか）

である。和銅三年（七一〇）は、平城遷都のあった年であり、女帝の元明天皇もあわただしい日々であり、古郷の里を望んで思い出をめぐらされたのであろうか。

養老二年（七一八）から藤原不比等らが編纂を始めた養老令の職員全主殿寮条では、天皇の乗用具として輿と輦《れん》が出てくる。輿は駕輿丁が担ぐ「挙行」であり、輦は輪のついた車で、人が曳く「輓行」である。奈良時代は輿と輦は明確に区別されていたが、平安時代以降は輿のことを輦とも呼ぶようになった。

天平一五年（七四三）、聖武天皇は盧舎那大仏造立の詔《みことのり》を発する。しかし、膨大な資材、人材と経費の確保は順調に進んだわけではなかった。そこで、天平一九年（七四七）、朝廷は八幡神の総本山である宇佐（大分県）八幡宮に勅使を派遣し、八幡神に大仏造立の成就を祈願させた。これに対して八幡神は全面協力の託宣を発した。大仏は三年間にわたって八回の改鋳を経て、天平二〇年（七四八）にようやく完成した。しかし、大仏に塗る金が足りなくなってしまい、日本にはあてがないため天皇は唐に使者を送って入手しようとした。使者は唐に出立する前、宇佐八幡宮に参拝して、旅の平安を祈っていると、託宣があった。その内容は「黄金は、将に此の土より出づべし。使を大唐に遣すなかれ」というものであった。これにより入唐は中止となり二年後、陸奥の国から黄金が出て献上された。天皇はこれを祝って東大寺に出向き、大臣や皇族に官位を授けるとともに、産金を記念して年号に感宝の二字を加えて、天平感宝元年（七四九）と改元された。この年七月に孝謙天皇となり、一一月に八幡大神が都へ向かうという託宣が発せられた。大仏造立を助けた八幡大神がみえるということで、朝廷では大掛かりな奉迎を催すことになった。
参議石川年足《よしたり》と侍従藤原魚名《うおな》を迎神使に任じ、経路にあたる諸国ごとに兵士一〇〇人を徴発し、輿の前後を駆除させた。また、それらの諸国では殺生を禁じ、大神の入京に従う人たちのもてなしに酒や獣肉を用いないようにさせ、道路は掃き清めてけがれやよごれのないようにさせるという徹底ぶりであった。一二月一八日に朝廷から五位の者一〇人をはじめ六衛府・舎人《とねり》など多数が大和国の入り口の平群《へぐり》郡まで八幡大神を出迎えた。そして、宮城南の左京二条に造られた梨原宮の新殿に入り、ここを神宮とした。この日から僧侶四〇人を招いて、七日間の悔過《けか》（自らの罪を懺悔《ざんげ》し、その報いから免れることを求める儀式）を行った。そして、一二月二七日、八幡大神の禰宜尼《ねぎに》である大神朝臣杜女《おおかみのあそんもりめ》が乗った紫色の輿で東大寺へ出向き、大仏を礼拝した。ここへは孝謙天皇、聖武太上天皇、光明皇太后もそれぞれ御輿に乗って列席し、百官と諸氏の人々がことごとく東大寺に参集した。そして、僧侶五〇〇〇人を請して、礼仏読経し、大唐・渤海《ぼっかい》・呉の楽、五節田舞・久米舞などを奏するという大法要となった。

八幡大神が乗る紫色の輿は、天皇乗輿と同じで、王族貴族の憧れの色であり、王朝美の頂点を表す仕様であったことに注目したい。天皇が行幸している東大寺へ、一地方の宇佐八幡神社の神官が最高格の輿に乗って来訪し、大仏を拝むというのはきわめて異例のことである。

聖武天皇は、理想とする仏教国家を実現するために、律令国家の西方を鎮守し、仏教に帰依しつつあった八幡神を大仏を守護する神として入京させたのである。八幡神の女性神官である女禰宜は、神の憑依するシャーマンであり、託宣を司る役割を持っていた。彼女が東大寺の大仏を拝したことは、八幡神が大仏を拝したことであり、神仏混合の行事にほかならなかった。つまり、社女は神と一体の存在であり、社女を乗せた紫色の輿は、確かな文献『続日本紀』に見える日本最古の神輿《みこし》といわれるゆえんである。

左大臣橘諸兄《もろえ》は、集まった人々の前で、大仏造立発願の契機と八幡神の協力を讃える詔《みことのり》を読み上げた。この入京によって、八幡神は一品《いっぽん》、八幡比売《ひめ》神は二品《にほん》を奉られ、日本のすべての神々を仏教の道に導く神として、神々の頂点に位置付けられたのである。

大仏開眼供養は、天平勝宝四年（七五二）四月九日に行われた。大仏前の板殿に聖武・光明・孝謙の三者が座し、百官が礼服で背後にひかえ、堂上には造花、八方に多数の灌頂幡《かんじょうのはん》が極彩色にひるがえる華やかな雰囲気である。ここへ本日の主役である僧侶が入場する。玄蕃頭《げんばのかみ》を先頭に僧たちが南門から、開眼尊師菩提僧正が輿に乗り、白い蓋を背後からかざされて入り、講師隆尊は西門から同様に入場、それぞれ迎えの官司が案内して、大仏正面の高座に導いた。そして、一同が座について静まった一瞬、童子らの引く開眼縷《かいげんる》は延びて、高い台上の菩提僧正の持つ筆がおもむろに大仏の眼睛を点じたのである。その後、華厳の講義楽舞などが次々に演じられ、おごそかでにぎやかな式典が終了した。『続日本紀』は、「仏法東に帰してより、斎会の儀、いまだかつてかくのごとく盛んなることあらざるなり」と記している。

聖武太上天皇が御輿に乗ったことを示す内容が、『東大寺要録』雑事章第十東大寺職掌寺奴事にある。

「以二同年二月廿二日一、太上天皇・皇太后、共二雙鳳輿一親臨二伽藍一、以二件奴婢二百口、施二入東大寺一」と記されている。この文の同年とは天宝勝宝二年（七五〇）であり、東大寺行幸が行われている。このとき、聖武太上天皇と光明皇后はそれぞれの鳳輿に乗って、東大寺に臨御し、奴婢二百口を施入したのである。「鳳輦」の語については問題があるとの見解もあるが、奈良時代には太上天皇が御輿に乗ることはあった。しかし、平安時代初期以降はなくなるのである。

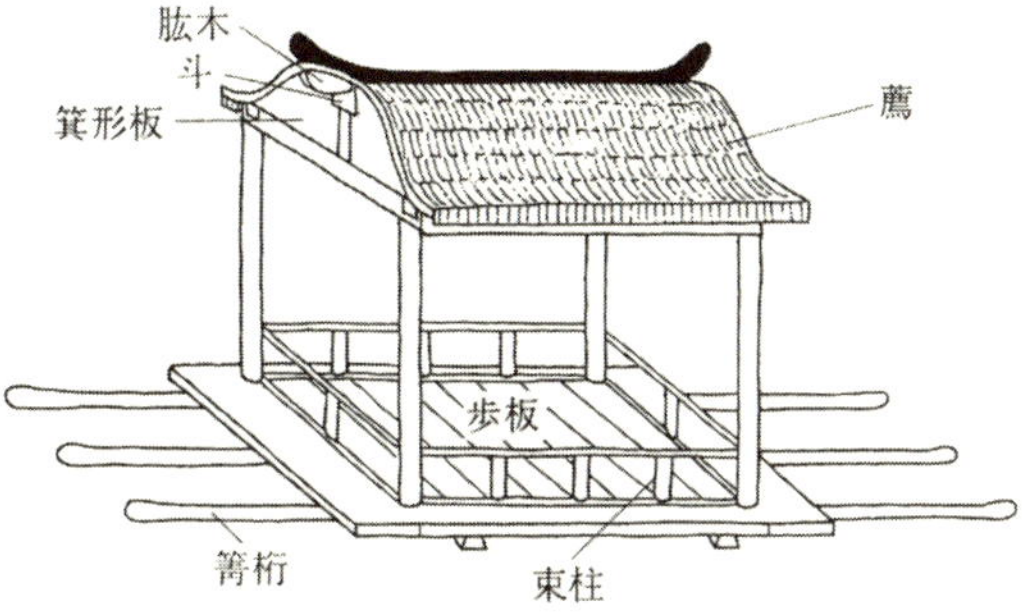

図1　「輿」の復原図（文献11）

長岡京の一角から、荷車一輌に輿の部材を載せて進上した送り状の木簡が出土し、これを清水みき氏が「古代輿の復原」にまとめられている（表1）。ここにみられる部材は、歩板八枚、簀桁三村、束柱一〇枚、薦六束、肱木二村、斗二村、箕形板二枚の七種類で、これを復原したのが図1である。屋根は切妻型、四方輿に似た屋形で、轅が三本あることが珍しい。これをみて、次のことを考えた。

一つは屋根の形が寄棟でなく、天皇乗輿の輦輿ではなく、天皇と親縁性の深い方が、宮内外の移動に使ったのであろう。轅が三本あることは珍しいが、鳳輦では副轅を中央に入れることは一般的で、これ以外に横にも添える。輿が大型で重量がある場合は、多くの駕輿丁で担いで重味を分担させることが必要である。この輿は長さ六尺、幅三・二尺～五尺と想定されて大型であるので、三本の轅は相当で

乗り物とその部材（文献 11）

牛　車	伊勢斎王　輿	伊勢斎王　腰輿	木　簡
有蓋 牛力−車	有蓋 障子 4 枚，鳥居等 人力	有蓋 障子 2 枚，高欄鳥居 人力	有蓋 鳥居高欄
長さ×広さ×高さ 80 × 32 × 34	長さ×広さ×高さ 140 × 30 31 ×(30 強)× 54	長さ×広さ×高さ 120 × 29 30 ×(30) 5	
雇女　30 工　103 夫　90	木工・銅・鉄・漆 画・張・笠・夫 ］329 工・夫　384 工・夫　448	木工・銅・鉄・漆 画・張・夫 ］151 半 工・夫　180 工・夫　205	
博風 4 枚料 →歩板 4 枚	(槻 13 枚)		箕形板 2 枚 肱木 2 村 斗 2 村
毛料→染苧 44 両 (出雲席 2 枚半)	中子菅蓋　菅并骨料	張御殿蓋	薦 6 束
(桧榑 5 村)	壁代・束柱・鳥居等料 →歩板 2 枚 平帖料→桧榑 2 村 障子骨料→椙榑 2 村	壁代梁料→歩板 1 枚 高欄鳥居等料→桧榑半村 障子骨料→椙榑 1 村	歩板 8 枚 束柱 10 根
輪料→橡 28 枚 轅輻料→樫 97 枚 桧料→槻 2 枚 軸木 1 枚	(五六寸桁 2 枚) 枌料→簀子 2 枚	桁料→簀子 2 枚	簀桁 3 村

清水みき「古代輿の復原」（『平安京歴史研究』1993）より．
（　）内は推定による数字あるいは部位．

表1 『延喜式』にみえる

	御　輿	腰　輿	輿　車
形　状	有蓋・葱花葦 障子4枚 人力	無蓋 鳥居高欄 人力	有蓋 障子6枚，高欄・鳥居 人力–車
(単位:寸) 寸　法 屋形寸法 腰　高	長さ×広さ×高さ 140 × 31 33 × 32 × 柱48 6	長さ×広さ×高さ 140 × 29 (29強 × 29強) 5	長さ×広さ 60 × 50
(単位:人) 長　功 中　功 短　功	木工・銅・鉄・漆 画・張・縫笠・夫 ］340 工・夫　394大半 工・夫　453小半	木工・銅・鉄・漆 画・夫 ］78 工・夫　91 工・夫　104	木工・銅・鉄・漆 画・張・釭・夫 ］292半 工・夫　341 工・夫　389大半
上部・屋蓋	柱桁并葱花等料 →槻13枚 蓋椽料→簀子木26枚 蓋下桟料→川竹10株		桁并椽・簑形等料 →歩板4枚
	蓋料→菅一圍		毛料→草二圍半 (苧大5両) (東席2枚)
中央・屋形	壁代并平帖・束柱等料 →歩板2枚 簀子敷并棉梠障子押等料 →桧榑2村 (障子) 骨料→椙榑2村	平帖束柱料→歩板1枚 鳥居高欄料→桧榑1村	柱并高欄・鳥居料等 →桧榑2村 障子6枚料 (槻24枚)
下部・床下	長桁并梁脚等料 →五六寸桁2枚 枌料→簀子2枚	桁脚料→簀子2枚	轅并輪料等→橡72枚

あったと考えられる。中国や朝鮮の輿は組立式で、使用しないときは分解してコンパクトに保管される方式がみられる。輿が必要な婚礼や葬式は、そんなに連日あるわけではないからであろう。日本の山車類も組立式になっていることを思いおこす。どれほどが組立式で使われ、いつごろから分解することがなくなったかは、今後の課題であるが、輿の使用形態の一つとして、組立分解式が行われていたことに注目しておきたい。

　奈良時代の僧で、称徳天皇の寵を得て法王になって専横を極めた道鏡について、『続日本紀』と『日本後記』に乗り物についての記述がある。前者は宝亀三年（七七二）で、「崇以二法王一、載以二鸞輿一、衣服飲食、一擬二供御一」とあり、御者は延暦一七年（七九九）で、「僧道鏡得二幸於天皇一、出入警蹕、一擬二乗輿一、号日二法王一」とある。道鏡は天皇に准ずる身位であると見なされ、その移動も天皇の御輿と同じ鸞輿に乗り天皇と同じ規模と内容で行われていたことが読み取れる。

　以上の事例から見ると、奈良時代の御輿は、天皇とこれに准ずる太上天皇や皇后などの乗り物として用いられた。そして、特別の臣下に輿の使用が許されるというきわめて限定された高い身位の人だけが使用する乗用具であった。

平安時代

　この時代の天皇の乗用具は奈良時代からの鳳輿だけでなく、葱華輿も用いられるようになり、両者の使いわけの基準が次第に整えられるとともに、腰輿も登場する。平安時代の儀式書や有職故実書・

一〇種から御輿の使用についての記載を整理した資料が表2―1～2である。これによると、御輿の区別が明記されるのは一〇世紀末の『西宮記』からで、それ以前は乗輿がほとんどである。

『西宮記』には御輿の種類と用法について、

八省神事時、供奉人不レ着レ靴、不レ称二敬蹕一、無二鈴奏一、御二華輿一、御即位、朝拝、御二鳳輿一、大嘗会時同之行幸時・朝賀及拝賀（謂二元正間一、幸二上皇・母后宮一）・五月五日、九月九日、御二鸞輿一、自余御二葱華輿一

と書かれている。これによれば、天皇の御輿は、鳳輿（鳳輦、鸞輿）と葱華輿（葱花輿、華輿、華輦）の二種類があり、それぞれに使用するときが決められていた。鳳輿を用いる場合は、京内外の行幸、即位、大嘗祭、元旦朝賀、朝覲行幸、五月五日や九月九日の節会であり、葱華輿は八省院（朝堂院）で行われる神事や諸社参詣、駒牽、伊勢大神宮奉幣などに用いられている。

このほかに、腰輿が登場しており、これだけを用いて行幸する場合と、鳳輿から乗り換える場合がある。腰輿だけの行事は射礼、神今食、新嘗祭、荷前、建礼門即位伊勢奉幣行幸、中院行幸などである。これをみると、神事のために中和院などは鳳輿や葱華輿でなく腰輿に乗るのが慣例であったことがわかる。このほかに内裏の火災などの緊急時にも御輿でなく機動性のある腰輿で対処している。腰輿は平安宮内で、内裏から中重へ天皇が行幸する場合や緊急時に用いるのが原則であったといえる。

状況　1（文献 3）

新儀式	故実叢書本西宮記	北山抄	小野宮年中行事	江家次第
10 世紀後半	10 世紀末	11 世紀初	11 世紀前半	12 世紀初
〈闕巻〉	鳳輦・鳳輿・鸞輿（八省院）	乗輿・御輿・乗輿（八省院）		（内裏）〈小朝拝〉
〈闕巻〉	（内裏）	（内裏）	（内裏）	（内裏）
〈闕巻〉	鳳輦・鸞輿	鳳輦・鸞駕・御輿・輿・乗輿（宮）	鳳輦・御輿（太上天皇宮）	〈闕巻〉
〈闕巻〉	（内裏）	（内裏）		（内裏）
〈闕巻〉	（八省院）	御輿（大極殿）	（大極殿）	（朝堂院）〈ただし天皇出御に関する記載なし〉
〈闕巻〉	（内裏）	（内裏）	（内裏）	（内裏）
〈闕巻〉	乗輿（豊楽院）	腰輿（建礼門）〈巻 3 は豊楽院儀ともする〉	（豊楽院建礼門）	（建礼門）〈ただし天皇出御に関する記載なし〉
〈闕巻〉	（内裏？）			
〈闕巻〉		（内裏）		（内裏）
〈闕巻〉		乗腰・花輦・御輿（武徳殿）		
〈闕巻〉	鸞輿	〈巻 8 は武徳殿とするか，六日は乗輿で武徳殿？〉	鳳輿〈六日は武徳殿〉	
〈闕巻〉			〈項目あるも記事なし〉	
	（武徳殿）	（内裏）	〈項目あるも記事なし〉	（内裏）〈平座〉
		乗輿（八省院）	（内裏）	（内裏）
	（八省院）	腰輿・乗輿・御輿（中和院）	（大極殿）	御輿・輦（小安殿）
	腰輿・御輿（中院）		腰輿	腰輿・御輿（中和院）
	腰輿・乗輿（中院）			御輿（中院）
	乗輿〈巻 6 は内裏とする〉	（内裏）	（内裏）	（内裏）
	腰輿（建礼門）	腰輿（建礼門）	腰輿（建礼門）	（建礼門）〈ただし天皇出御に関する記載なし．「近代無₂御出₁」〉
	御輿			

表 2-1　御輿の使用

	内裏儀式	内裏式	儀　式	延喜式	九条年中行事
成立年代	9 世紀初	9 世紀前半	9 世紀後半	10 世紀初	10 世紀中頃
元日朝賀	乗輿（八省院）	乗輿（八省院）	乗輿（八省院）	（八省院）	
元　会	（内裏）	（豊楽院）	（豊楽院）	（豊楽院）	
朝覲行幸					
七日白馬	（内裏）	乗輿（豊楽院）	乗輿（豊楽院）	（豊楽院 または内裏）	
御斎会					
十六日踏歌	（内裏）	（豊楽院）	（豊楽院）		
十七日観射	乗輿（射殿）	輿（豊楽院）	（豊楽院）	（豊楽院）	
三月三日					
孟月告朔				乗輿	（内裏）
駒　牽			（武徳殿）	（豊楽院）	
五月五日 観馬射式	皇輿・鸞輿 （馬場殿）	（武徳殿）	（武徳殿）	乗輿	
六日観馬射		（武徳殿）	（武徳殿）		
相　撲		乗輿（神泉苑）	乗輿（殿？＝ 内裏外に存在）	（神泉苑）	
九月九日		（神泉苑）	（内裏）	（神泉苑）	（内裏）
九月十一日 伊勢大神宮幣			乗輿（小安殿）	（八省院）	御輿（八省院）
神今食			乗輿 （神今食院）	乗輿・御輿 （中院）	
新嘗祭		（神嘉殿）	（神嘉殿）		御輿（神嘉殿）
新嘗会		（豊楽院）	乗輿（豊楽院）	輿（豊楽院）	（内裏）
荷　前					
京内行幸					

状況　2（文献 3）

新儀式 10 世紀後半	故実叢書本西宮記 10 世紀末	北山抄 11 世紀初	小野宮年中行事 11 世紀前半	江家次第 12 世紀初
	御輿	御輿		
御輿･乗輿（北野）	御輿･乗輿（北野）	乗輿･御輿		〈闕巻〉
				〈闕巻〉
	腰輿（中院）			
乗腰→腰輿（朱雀院）				
	華輿･御輿（八省院）			
				御輿〈葱花〉
	御輿（春宮坊）			
	鳳輿（八省院）	御輿（八省院）		
鳳輿		乗輿→腰輿→御輿		御輿・輦→腰輿
	鳳輿→腰輿（八省院）	鳳輿･乗輿→腰輿（八省院）		御輿〈鳳〉
		腰輿･輿（建礼門）〈八省院行幸は希〉		腰輿･御輿
乗輿（神泉苑）				
皇輿･御輿				
乗輿（本宮他，後院･本宮遷御）				〈闕巻〉
	御輿･車〈幸皇后行啓〉			
駕輿･御輿（他所･某亭）				
	御車〈檳榔〉･檳榔車			御車

凡例）各欄には「乗輿」など天皇の指称と考えられるものも載せた．また（　）は行幸先，→は乗り換えをそれぞれ示し，〈　〉には備考を記した．

橋本義則「古代御輿考」（『古代・中世の政治と文化』思文閣出版，1994）より．

表 2-2　御輿の使用

	内裏儀式	内裏式	儀　式	延喜式	九条年中行事
成立年代	9 世紀初	9 世紀前半	9 世紀後半	10 世紀初	10 世紀中頃
行　幸	御輿			御輿・輿〈御・中宮〉	
野行幸					
諸社行幸					
中院行幸					
朱雀院行幸					
八省神事時					
斎王群行八省行幸					
譲国儀			御輿（春宮坊）		
即位			（八省院）		
大嘗祭御禊			乗輿		
大嘗祭			鸞輿（豊楽院）	輿（豊楽院）	
建礼門即位伊勢奉幣行幸					
神泉苑競馬					
太上天皇御算					
天皇遷御					
内裏焼亡					
皇后行啓					
皇后移徙					
太上天皇御行					

次に乗り換える場合は、大嘗祭と大嘗祭御禊である。大嘗祭では、内裏から八省院まで鳳輿に乗り、八省院の東回廊で腰輿に乗り換え、大嘗神事に臨むため廻立殿に入っている。また、寺院や神事で八省院へ行幸するときは、葱華輿に乗り、門内外で腰輿に乗り換えている。天皇が神や仏と直接対峙する場合は鳳輿に乗ることを避けたと考えられる。

皇后も天皇とともに行啓する儀式や神事のおりには、御輿を使っていた。皇后が用いる御輿は鳳輿と葱華輿であり、腰輿や車も用いられた。輿と車のいずれを用いるかは天皇の判断に委ねられていた。そして、皇太后、太皇太后も御輿を用い、天皇が幼少の場合は、母后との同輿が慣例であった。

太上天皇が御輿に乗ったのは平安時代初期までである。その後は牛車に乗って御幸するように変化する。そのきっかけとして注目されるのは、『類聚国史』弘仁一四年（八二三）九月癸亥条に、

> 太上天皇幸二嵯峨荘一、先レ是、中納言藤原朝臣三守奏下可二行幸一状上、皇帝即勅二有司一、令レ設二御輿及仗衛一、太上天皇辞而不受、皇帝再三苦請、太上皇帝固辞、遂騎二御馬一、無二前駈幷兵仗一

とある記載である。淳和天皇が嵯峨太上天皇の嵯峨荘御幸のため、御輿と仗衛を設けようとしたが、太上天皇はこれを固辞し、御馬に乗って前駈と兵仗なしで御幸したとある。嵯峨太上天皇には御輿や行幸のための仗衛が設けられていなかったのである。

嵯峨天皇は譲位後、太上天皇の号を授与されても、これまでのように天皇と同じ身位であることを

やめている。それまでの太上天皇は天皇と同じ身位として御輿を使用していたが、嵯峨太上天皇は御輿に乗るべき身位でないことを示したのである。これ以後、乗用具は天皇が御輿であるのに対し、太上天皇は牛車が一般的となって定着していくのである。

太上天皇制のもとでは、天皇からの譲位と同時に太上天皇位が保証され、天皇大権を終身保障されていた。しかし、嵯峨太上天皇は唯一天皇大権保持者である淳和天皇によって、改めて太上天皇に任命されたのである。つまり、太上天皇は天皇の任命権下に位置するようになり、かつての太上天皇制は終焉した。これは太上天皇が天皇と同身位から降り、臣下の位置になったことを示す。これによって、天皇の最高権威者としての身位が明確になったのである。

輿の使用について、江戸時代の『輿車図考』に、

> 天子は至尊におはしませば、車には乗御せず、また、輿はことに重くせらるるものにて、天子の外には皇后と斎王とに限れり

と記しているように、輿の使用者は、天皇、皇后、斎王のみとする厳格な使用者制限が設けられて継続するのである。なお、ここで定められていた輿とは輦輿（鳳輿と葱花輿）である。

臣下への輿の使用が許されるのは、『公卿補任』の仁和五年（八八九）条に、「関白太政大臣従一位藤基経五十四、十月十九日聴腰輿」とある。天皇家と姻戚関係もあり、公家の第一人者である関白藤

原基経に腰輿の使用が許されている。また、同じく寛平二年（八九〇）条では、嵯峨天皇の皇子であり、左大臣であった源融にも腰輿の使用が許されている。腰輿は公式行事の行幸などで使用される輦輿に比べて、格式は低い乗用具であるので、臣下による使用が一部認められたといえる。

輿は藤原基経らにその使用者層が広げられたものの、平安時代における公家の主な乗用具は車であった。しかし、道の整備状況の影響で、車が利用できるのは、京都や鎌倉など一部の地域に限定されていた。遠行の場合の交通手段は輿や騎馬が中心であった。

平安時代末期の一二世紀前半に成立した『今昔物語集』にはインド、中国、日本の一〇四〇話が収められている。この索引集から「輿、御輿、腰輿」など輿の用語が使われている場面を探すと、二九例を確認することができた。インドの説話は一〇例あり、輿に乗っているのは大王・国王四、皇后や高貴な女性四、高顕な人の葬送二であった。中国は四例で、老いた父を捨てに行くときの馬上輿、国の長官二、楊貴妃や高貴な女性を迎えに行く輿二である。この時の行列は「玉の輿に色々の錦を張りて、諸の財を尽くして荘《かざ》れり、多くの人、前後にめぐり立てり」と述べられている。これらの一四例の共通点は、いずれも人間の乗用具として使用されており、インドと中国においても輿は高貴な人が乗るものであったことが読み取れる。これに対して日本の一五例は多彩である。人間が乗るのは高僧四、子供一の五例だけで、あとは舎利二、観音像一の三例である。そして、残りの七例は夢や仮想の物語の中にさまざまなかたちで輿が登場している。具体的には、僧の呪術での火輿二、天女である竹取姫と仏菩薩各一、極楽へ行く乗り物としての輿二、放生心の善い人を乗せる輿など多様である。

法会に講師をつとめる高僧を迎えに行く輿についてみると、「法会の当日に、輿を担ぎ、天蓋をささげ、楽人は音楽を奏しながら整然と並んで迎えにきた、講師である供奉が香炉を取り、従者が輿に乗せると、その上から天蓋をさしかけた」と記述している。

巻第二十の「摂津国、殺牛人《うしころすひと》、依放生力従冥途還語《ほうじょうのちからによりてめいどよりかえること》第十五」では、牛を殺した罪ほろぼしに、六斎市に多くの生き物を買っては逃がすという放生心の厚い村人が、閻魔王の判定で放生してもらった生物たちに敬まわれて、輿に乗せられて家へ送ってくれた話がある。この部分を『日本霊異記』中・五では、「千万余人、我が左右前後を衛り繞《めぐ》りて、王宮より出づ。轝に乗せて荷ひ、幡を擎《ささ》げて導き、讃嘆して送り、長跪《ひざまづ》きて礼拝す。その衆人皆一色の容《かたち》を作《な》す」と綴っている。

以上から『今昔物語集』での輿の特色についてまとめると、多様な輿が登場するが、人間の乗用具としての輿が少ないといえる。憧れの乗り物としての輿は、夢の中や、天界、霊界に登場し、「一ノ宝をもって飾り、輿の前後左右を多くの天人が囲み、微妙な音楽が奏でられている天から飛び来った輿」である。これらは極楽への迎えの輿、仏が乗ってみえた輿、天女が帰る輿などとして表現されている。人間が乗る輿は天皇、皇后ではなく高僧の乗用である。これは説話が仏法優先で編集されていることの影響である。全体としては、平安京の王朝文化と違ったところに息づいていた平安時代の多種多様な生活や思い、考え方をうかがえる貴重な側面を伝えているといえる。

鎌倉時代

『吾妻鏡』の文治二年（一一八六）一一月一二日の条に、「若公御参鶴岡八幡宮。被用御輿」の記載がある。当時四歳の源頼家が輿に乗って、鶴岡八幡宮に参詣したことを記しており、武家の中心鎌倉で輿の使用があったことを示している。『吾妻鏡』八七年間の記述の中で、「輿」の文字が記されている箇所を索引からあたって、鎌倉幕府の武家衆の輿使用について探ってみたい。

まず、輿に乗る人をみると、鎌倉将軍自身が半分以上で最も多く、次いで若君、御台所、尼御台所であり、いずれも鎌倉将軍家の面々である。このほかでは、前内府の平氏ら二人と、例外的なものとして、自殺して死にきれなかった家臣や霊がついた少女の運搬に輿が使われている。

行先別では鎌倉の諸寺社が多く、なかでも鶴岡八幡宮が突出している。ここは年始の奉幣と参詣、放生会、仁王会などの行事があり、鎌倉の中心的な存在として、将軍や家臣の参詣が多いところである。このほかでは重臣宅、御所や近辺の野辺、河畔などである。将軍は京都への上洛があり、このときは参内や春日社など主要施設への訪問がみられ、牛車も使われている。

輿使用の事由をみると、供養、放生会などでの寺社参詣が多く、御方違、嫁娶の儀での家臣宅訪問、遊興、流鏑馬、上棟式などの諸行事などさまざまである。

上洛の例を嘉禎四年（一二三八）一月の四代摂家将軍藤原頼経権大納言への任官拝賀の場合をみると、二〇日に家臣の秋田城介義量の家に、立烏帽子、御直垂で御輿に乗って入御した。そして、体制を整えて二八日に御輿でご進発。護持僧の岡崎法印成源も乗輿、御験者三人、医道二人、陰陽道二人、多数の随兵以下の供奉人で鎌倉街道を順調に進み、二月一七日に入京した。行列の先頭は駿河前司の随兵三列一二番の三六人、次の先陣三騎ごと六四番の一九二騎、冑持、小具足持、御引馬、歩走りなど三〇人と続き、次に御乗替御輿そして、御輿（御簾を上げられる。御装束御布衣、御力者三手）、次に水干を着する人々、降陣の随兵、水干の侍ら四八人と総勢三五〇人余の華やかな行装の一行で、都人が珍奇の目を見張って集まったという。

二二日からは大相国（公経）、一条殿（道家）、参内を八葉の牛車で行い、春日社詣は御輿を使っている。そして、一〇月一三日京都を出立した。途中の二〇日、本野原で暴風雨に遭遇する。このときの状況について、「しかれども、御輿前後の人々は、笠を擁するに及ばず。皆舌をもって鼻を舐《ねぶ》る」と記述している。雨宿りすることもできず、輿を担ぐ人をはじめ、輿脇の人たちは、強い雨の中で、ぬれるにまかせるほかなかった。水滴を手でぬぐうこともできず、「皆、したたり落ちる水を、舌でねぶるよりほかなかった」のであろう。当時の状況が類推できる的確な表現である。

三代将軍実朝が、建暦三年（一二一二）八月、大江広元の第《てい》から完成した新御所に移った。その行列は、随兵八、前駈六、殿上人、御輿（御簾を上ぐ、束帯）、御剣の役人・後調度懸・御後二二人と続き、御輿が南門に入るころ、束帯の陰陽師が反閉《はんぱい》（貴人の出行のとき、呪法を行って邪気を払い、正気を迎え幸運を開くもの）を行った。次に、西廊において御輿から下御して、寝殿に入御した。続いて尼御台所（政子）が入御している。輿を中心とする行列で新御殿へ無事移ったのである。

この時代は新しいものや屋敷の使い始め、旅の出発日をはじめ大きな行事に際しては、陰陽師の見立てに従うのが一般的であった。御車や御輿の使い始めの場合も陰陽師による見立てに従った。安貞二年（一二二八）一〇月二六日の記事に、「今夜、竹御所新調の御輿召《おんこし》し始むと云々。他所に御出の儀にはあらず、墎内《かくない》なり」とある。四代将軍の室である竹御所用の新しい輿の使い始めが、屋敷内だけで静々と行われるのはほほえましいといえる。

鎌倉での乗用具は牛車、輿、騎馬であった。牛車は京都での参内、鶴岡八幡宮参詣、大慈寺供養などの儀礼的な式正の場合に限定的に用いられ、輿が将軍をはじめ若君、姫君、御台所など将軍家の人たちや高僧の日常的な乗用具であった。将軍も騎馬で出行することはあり、弘長元年（一二六一）四月二四日六代将軍宗尊親王は禅門の極楽寺に入御している。供奉人は御所の御方（騎馬）一三、歩行一七、中御所の御方（騎馬）一一、歩行六の行列で行き、翌日の北条時頼、時宗を招いての小笠懸にそなえている。武術に関する行事の場合は、牛車や輿より騎馬が似合うのであろう。

『吾妻鏡』の中で、乗用具が記載されている通行から交通手段の概要をみると、鎌倉時代初期の頼朝時代は馬での出行が多く、遠行は輿、上洛しての参内や社参には車を使用している。そして、京都で使用した三輌の車のうち二輌を鎌倉へ送付している。そして、若君や御台所は輿が中心であった。二代頼家は将軍の期間が短く、記載が見られないが、若君時代には輿を使っている。三代実朝は輿と車を両用し、皇子将軍の四代頼経、五代頼嗣も両用しているが、むしろ車を多用している。六代宗尊は輿より車が多く、鶴岡八幡宮参詣など鎌倉の町中への出行は車が常例となっており、京風の傾向が強まっていたことがうかがえる。京都では牛車が衰退して、貴族層は腰輿に移っていくが、鎌倉の将軍家では三代実朝から車の使用が増えて輿を超えるようになり、四代～六代には式正の行事では車が常用となっていた（表3）。

弘長元年（一二六一）の「式目追加」三八二条には、

一　鎌倉中乗輿事

一切可レ停二止之一、但殿上人以上幷僧侶者、非二制限一、又雖二御家人一、年六十以上可レ許レ之矣

と定めてある。これは鎌倉での輿の使用者を殿上人、僧侶、六〇歳以上の御家人に限ったもので、他の者の使用を停止している。京都での車の使用規制に続くものとして定められており、輿の使用についても鎌倉幕府の関与がみてとれる。京下りの鎌倉将軍である九条頼経や宗尊親王らは、関東への道中に輿を用い、鎌倉下向後も日常の出行に輿を用いることが多かった。

正安元年（一二九九）の完成といわれる「一遍上人絵伝」には、輿が相模国片瀬に三丁、京都四条に一丁、天王寺一丁、西宮一丁、入滅の場面に一丁の計七丁が描かれている。車の利用は京都の公家が中心であるのに対して、輿は地方の主要地域にも拡大していたことが読み取れる。

室町時代

足利氏の幕府が京都に開かれると、武家の出行にも公家社会の規定や慣例の影響が生じるようにな

輿と車の使用（文献47）

年代		将軍名	輿				車				備考
西暦	和暦		将軍	若・姫	室・尼	他	将軍	若・姫	室・尼	他	
1224	元仁1										
25	嘉禄1										
26	2	④頼経	1		1						
27	安貞1		3								
28	2		1		2		1				
29	寛喜1						2				
1230	2						2				
31	3						1				
32	貞永1						2				
33	天福1						2				
34	文暦1						1				
35	嘉禎1						3				
36	2						2				
37	3		1				4				
38	暦仁1		5				2				上洛
39	延応1		1	1			1				
1240	仁治1			1			2				
41	2		3				2		1		
42	3										
43	寛元1			1	1		3				
44	2	⑤頼嗣	3				2				上洛
45	3						2	1			
46	4						2				
47	宝治1						1				
48	2						2				
49	建長1										
1250	2						3				
51	3		1								
52	4	⑥宗尊	3			1	3			2	京都より下向
53	5						4				
54	6						2				
55	7										
56	康元1						3				
57	正嘉1					1	3				
58	2		1				2				
59	正元1						1				
1260	文応1		2				4		2		
61	弘長1		3		2						
62	2										
63	3						2		2		
64	文永1										
65	2		2	1	2						
66	3		1								
計			39	11	15	8	81	2	10	2	

表3 『吾妻鏡』での

年代		将軍名	輿				車				備考
西暦	和暦		将軍	若・姫	室・尼	他	将軍	若・姫	室・尼	他	
1180	治承4										
81	1										
82	寿永1			1	1						
83	2										
84	元暦1										
85	文治1					3					
86	2			1							
87	3										
88	4										
89	5			1	1						
1190	建久1						1				上洛
91	2										
92	3	①頼朝		2							
93	4		1								
94	5						1	1			上洛
95	6						7	3	1		上洛
96	7										
97	8										
98	9										
99	正治1										
1200	2										
01	建仁1						1				
02	2										
03	3		2		1						
04	元久1										
05	2					1			1	1	
06	建永1				1						
07	承元1										
08	2										
09	3										
1210	4								3		
11	建暦1						1				
12	2	②頼家									
13	建保1	③実朝	1		1						
14	2				1	1					
15	3		1				1				
16	4		1	1			3		1		
17	5						1				
18	6						4				
19	承久1		1	1		1	1				
1220	2					1					
21	3										
22	貞応1										
23	2				1						

った。「寶篋院殿宣下記」の延文三年（一三五八）一二月二二日条の行列記事に、

一其次㆓御車㆒。牛二疋。御牛飼六人。
御車御跡左右供奉歩行十五人組。布衣也。
一其次㆓輿。将軍御連枝鎌倉殿也。参議従三位兼左馬頭源基氏。
一其次㆓輿。武衛也。跛波中務大輔左兵衛督兼武衛守源義縄。又足利トモ名乗也。

とあり、将軍義詮が車を使用し、鎌倉公方の足利基氏、管領家の跛波義縄が輿に乗っている。将軍に次ぐ身分の二人が腰輿を用いて、そのほかの武将はいずれも騎馬である。輿は牛車につぐ特別な乗用具として、限られた上級武家しか使用できないものであった。

応安元年（一三六八）三代将軍になった義満は、当初は年少であったためか、輿での出行が多かった。しかし、昇格とともに牛車と四方輿になる。出行の記事が多くみられる康暦元年（一三七九）から応永八年（一四〇一）における出行状況は表4の通りである。これによると、官位の拝賀、直衣始、節会出仕の参内などの公家式正の儀礼に関わる出行は、束帯・衣冠で行列を整えて牛車を使用する。そして、洛外諸社寺への参詣や私的な出行には、役人たちと二〇名前後の近習・数名の馬打を供奉して腰輿を用いるのが一般的であった。明徳二年（一三九一）正月二八日、佐女牛八幡社へ参詣のときは、「御力者三手」による輿で、殿上人八人、侍六人、番頭六人に雨皮持、笠持の仕丁が従った。輿

表4　足利義満の出行（文献4）

年　月　日	目　的	装　束	乗　物	備　考
康暦元・7・25	右大将拝賀		車	車副二人・随身召具
2・正・20	直衣始	直衣	半蔀車	車副二人・随身召具
2・12・25	極位拝賀		車	車副四人・随身召具
永徳元・正・7	白馬節会		毛車	車副四人・随身召具
正・13	年始参内	直衣	八葉車	随身召具
8・3	内大臣直衣始	直衣	半蔀車	随身召具
至徳2・8・28	南都参詣	小直衣	四方輿	公卿四人・殿上人十人
明徳2・正・28	八幡社参		輿	力者三手
9・15	南都社参	小直衣	庇四方輿	力者三手十八人
3・8・28	相国寺供養	束帯	唐庇車	車副六人・随身召具
4・8・15	石清水放生会	束帯	毛車	随身召具
応永元・9・11	日吉社参	狩衣	庇四方輿	力者十八人
2・正・7	太政大臣直衣始	直衣	唐庇車	
6・9・15	相国寺塔供養	赤色御衣	唐庇車	車副八人・関白前行
8・5・13	日吉社参籠		輿	御供十騎

二木謙一『武家儀礼格式の研究』（吉川弘文館，2003）より．

を担ぐ力者は前後を各三人、六人一組を一手とし、交代のために三手、一八人として長い距離に対処している。また、応永元年（一三九四）九月一一日の日吉社参では、公卿五人は四方輿、殿上人一〇人は騎馬で従い、義満は「片庇四方輿」を用いた。これは庇のある高級仕様の格が高い輿である。

　四代義持の出行は、義満と同じように牛車と輿が多いが、騎馬によるときもあった。当時の将軍所用の輿は力者とともに梶井宮や三宝院などの有力門跡寺院が整えていた。応永二二年（一四一五）七月一一日の日吉社参を記した『義持公日吉社参記』には、「一、八瀬童子事、鹿苑院御登山之時、自二梶井殿一被二召進一云々。今度又申入事。仍十二人幷長一人所レ被二召進一也」とあり、梶井門跡から力者の八瀬童子が提供されたことがわかる。

八代義政は参内、直衣始などの公家式正儀礼に牛車を用いただけでなく、勧進猿楽、花見、諸社寺参詣にも牛車を使い、華麗な行装での出行で注目された。輿の使用は、洛外や伊勢参宮のような遠出の際に使用されたが、その場合も華麗な装いに意を用い、見物の群集の目を意識してのことであったと思われる。こうした義政の頻繁な外出・出行によって、従来からの大名一騎打による供奉から寛正期（一四六〇～一四六六）ころになると、侍所や特定の御供衆と走衆が供奉する形式に変化している。また、管領や評定衆をはじめ、上級の武家衆らが輿を許されていたことは、応永期（一三九四～一四二八）からみられるが、義政のころになると、乗輿に関する一定のきまりが成立してきたことがうかがわれる。康正元年（一四五五）生まれの伊勢貞頼が著した『宗吾大艸紙』には、

一、人によりてこし御免候。三職、其外御相判衆、吉良殿、石橋殿など同前、御免のさたなくめし候。御相判衆のうちにも、赤松殿、京極殿、大内殿御免候て被レ乗候。土岐殿、六角殿同前、又細川右馬殿、勢州代々御免候、評定衆同前、奉行も式しやうの出仕の時こしに乗られ候。又人のぶんざいによりめしつれ候者敷さだまるよし申候

とある。これによれば、輿の使用者は将軍のほか、管領家の三職（斯波、細川、畠山）と御相伴衆、それに吉良、石橋は御免なくして許される。ただし御相伴衆の中でも赤松、京極、大内は御免を得た

上で乗ることができる。大名の土岐、六角も同様である。また、御供衆筆頭の細川右馬頭、政所執事の伊勢も代々御免とされ、評定衆も同様である。そして、奉行も式正（晴）の出仕の際には乗輿が許されたというのである。鎌倉時代の弘長元年（一二六一）に出された法令よりも、使用者が明確になっていると同時に、厳格になったといえる。そして、乗輿に関するさまざまな故実が成立していくのである。

応仁元年（一四六七）の応仁の乱以降、室町幕府をとりまく社会状況が変わり、将軍の出行の様相も変化していく。公家社会は経済的困窮から、牛車を所有できなくなった諸家が多くなったため、板輿を使う者が増えていった。足利将軍家でも一〇代義材のころには乗車の記事はなく、輿のみの出行になっている。延徳三年（一四九一）六月二六日に、義材は初めて参内したが、「路次御輿、御直垂、御烏帽子也」とあるように、輿によるものであった。その後の一二代義晴、一三代義輝らの出行も板輿や塗輿を使用しており、乗車の記事はみられない。

天文期（一五三二〜一五五四）ころから、それまで乗輿が許されなかった階層の武家にも、新たに御免が与えられるようになる。『後鑑』には、天文四年（一五三五）越前の朝倉孝景が塗輿御免を得て、御礼として太刀一腰、馬一疋、銭三万疋を献納したとある。これは戦国期の室町幕府が、新興大名や国人以下の地方豪族に対して行った位階、官途、偏諱、道服着用などの栄典授与の一環であるといえる。これが注目されるのは、従来なら栄典授与がされるはずのない新興大名や六位以下の地下の地方豪族などに対して、幕府への功労に対する褒賞のように免許されたことである。こうしたことは義晴期以降に顕著になり、義輝に至って頂点に達したという。『上杉家文書』の永禄二年（一五五九）には、越後守護代長尾景虎が塗輿御免を授与されたことがみえ、同五年（一五六二）には上洛して義輝に拝謁し、関東管領職に任ぜられるとともに種々の免許とあわせ、網代輿に乗ることも許されたという。また、永禄三年（一五六〇）の桶狭間（愛知県）の戦いでは、織田信長と対戦した今川義元は輿で移動していたため、危急に際しての機動性に欠けたといわれる。公家風が濃い今川氏は騎馬より輿を多用したことがうかがわれる。

ポルトガルの宣教師ルイス・フロイスは、永禄六年（一五六三）に来日し、足利将軍、信長、秀吉などこの時代を代表する要人たちに謁見し、前任者の資料も活用して詳細な記録を残している。輿に関する記述が最初に出てくるのは、天文一九年（一五五〇）、フランシスコ師が堺から京都へ行ったときで、同行した日本の貴人が小姓や馬丁を従えての旅である。次は、永禄八年（一五六五）、堺に滞在中の都で勢力がある篠原長房殿への訪問で、「当国の慣例である輿以外の方法は許されなかったので、輿に乗って長い道程を尋ねた」と述べている。このときの乗り物について、「非常に軽い木で作られ、方形で簾が付いた二つの窓があり、中に座っている者が望む度に開閉できるようになっている。非常に小さく、内部は一人がちょうど安楽に座れる。二人がこれを担ぐのですが、道程が長ければ四人で担当します。高貴な人や仏僧たちはみなこれを使用し、贅沢で華美なものを所持していることを誇りとしています」と描写している。前述の二例以外に輿を利用している場合をみると、

・親族の安全のため、大きい輿に乗せて、彼を秘密裡に連れ戻した。

・三好殿の飯盛城の麓に着くと、輿が待っていた。六人の駕輿丁が急いだが、山中で夜になってしまった。上から松明が運ばれてきたので、途次の難渋が少なくなった。
・私の腹がひどく痛み出した。三ヶ殿は都へ行って治療する方がよいと、同所から一〇里離れた都へ送り届ける輿をよこしてくれた。
・松永霜台の息子が、公方様の夫人を殺すように命じ、輿を彼女のところへ遣わした。彼女を輿に乗せて、都から半里隔った四条河原という川辺に着いた。

こうしてみると、輿は高位顕職の人たちが、特別の場合に使う乗用具になっており、長旅、高貴な人への訪問、病弱者の移動、罪人運搬、秘密裡の連れ出しなどである。

天正一〇年（一五八二）の本能寺の変後、秀吉は勢力を強め、フロイスの訪問を受けている。九州の島津攻めのため天正一五年（一五八七）、大坂を出陣した。この道中の一部ではフロイスから献上されたパランキンというインドの王が乗る立派な輿ないし轎で進んでいる。また、天正一六年（一五八八）には、盛大な聚楽第行幸を挙行して後陽成天皇を迎えた。これに合わせて御所車といわれる巨大な牛車が新調され、内裏の親族が乗る色彩豊かな漆塗りの一七丁の輿や婦人用の一五丁の白輿や秀吉からの迎えの輿三二丁をはじめ多くの徒歩や騎馬による行列が天皇を乗せた鳳輦を供奉して進んでいる。

天正一九年（一五九一）には、尾張での狩猟に向かっている。鷹・猟犬、二台の輿を使い、獲物二五〇〇羽以上の大収穫であったという。このとき秀吉の乗用具として豪華な輿が使われている。『フ

図2 「吉野の花見図」（文献 52）

ロイス日本史』には、「輿には大きな銀の飾りが填め込まれ、中央に銀製の尊大な怪人の面があり、立派な天蓋のような覆いが上部にあり、棒の両端には緑色のビロードで飾られたフトンが付いていた」と描写している。

「吉野の花見図」（図2）では、秀吉が造りの豪華な小輿に乗って桜をめでるとともに、参会の人たちと談笑している優華な雰囲気が描かれている。天正期（一五七三～一五九二）の秀吉は、ポイントになる行事や道中で輿を利用していたのである。そして、文禄ころ（一五九二～一五九五）には、新たに登場して広まった駕籠を中心とした乗輿の制が文禄四年（一五九五）に定められる。

室町時代は武家の身分・社会的地位が向上し、乗用具は騎馬とともに上級武家衆は腰輿も許されたが、牛車の使用は足利将軍家のみに限られていた。しかし、牛車は応仁の乱後から次第に廃れ、義材のころからは将軍出行は式正儀礼の際にも輿が用いられるようになった。このころには公家の乗車もなくなり、大臣・公卿さえ、輿を使用し、牛車は消滅していったのである。そして、戦国期には、輿が公武の上位身分階層の乗り物となり、地方新興武家層へも拡大していった。

江戸時代

江戸期は、「駕籠の時代」といわれ、主要な乗用具は馬と駕籠であった。幕府は慶長二〇年（一六一五）発布の「武家諸法度」で乗り物公許の身分を定めている。輿は四品以上で打上駕を用いる高い身分の人だけが、衣冠束帯を着用する元旦登城（図3）などの礼日だけに使用する特別な乗用具として位置づけられている。この時代の輿（轅）の使用規制について、『江戸町方の制度』に次のように記されている。

轅は大礼儀式に乗用するもので、三家三卿の外その乗用を許されし諸侯は左の如し。
伊予西条三万石、美濃高須三万石、奥州守山三万石、奥州会津廿三万石、讃岐高松十二万石、常陸府中二万石、同宍戸一万石の七家は称して御連枝と云ひ、高松、守山、府中、宍戸の四家は水戸の庶流にして、西条は紀伊家、高須は尾張家の庶流、格相同じけれども乗用を許されしは西条、高須、守山の三家のみ。
越前福井三十二万石、出雲松江十八万石、美作津山十万石、播州明石六万石、武州川越十五万石、

図 3　大名元旦登城図（文献 2）

出雲広瀬三万石、出雲母里一万石、越後糸魚川一万石の八家は共に松平氏を称し越前家と唱ふ。然ども乗用を許されしは、福井、松江、津山、川越の四家なり。国主にては加州、薩州、仙台、宇和島、福岡、芸州、長州、佐賀、鳥取、岡山、阿州、土州、久留米、久保田、盛岡、米沢、浜田、柳川、二本松、対州、富山、大聖寺の二十二家は乗用の格あり。ただし、柳川、二本松は准国主なり。

これによると、輿の使用者は、徳川一門の御三家（尾張、紀伊、水戸）、御三卿（田安、一橋、清水）、西條藩など七つの松平家、国主では金沢藩前田家など二二家の合計三五家と定められていた。徳川親藩のうちでも家格によって許されないところがあり、武家社会では厳しい使用制限のもとで使用されていた。輿の使用が、格の高い身分を表す象徴性を持っていたことから、何とか輿免許を得たいと画策する動きもあった。『江戸町方制度』の中に、

奥州弘前の城主十万石津軽越中守は、将軍家斎公将軍宣下大礼の際、時の閣老水野羽州に賄賂を贈り、轅乗用の許可を得しことありしに、同席の諸侯これを快とせず遂に大悶着を惹起し、その結果津軽は、閉門の罰を受け、水野は痛く面目を失ひたりとぞ。

と紹介されている。これは徳川家斎の将軍宣下の際に、その時の閣老水野羽州に賄賂を贈り、輿に乗

って登城する許可を得て用いたことが、問題になり、閉門の罰を受けたという一件である。これは将軍宣下という重要な礼日には、格式の高い乗用具として許された人だけが輿を使うことができ、これが羨望の的になっていたことがわかる。将軍宣下は徳川氏においては最も重大な礼典であり、朝廷から勅使らを迎えて盛大に挙行される。江戸城で行われるようになったのは、四代家綱からである。

天保八年（一八三七）九月二日、一二代家慶将軍宣下のために、京都から下向した院使や慶賀の公卿など一四名の乗り物、行装が描かれた絵巻が伝わっている（図4）。勅使の大納言徳大寺実堅と前大納言日野資愛と二条左大臣近衛内大臣の四挺は、屋根に丸味がある棟立輿で、院使ら五人は板輿、宣旨使二人は駕籠、あと三人が徒歩となっている。

当日出仕の大名たちは、鎗、挾箱の諸道具を新調あるいは修繕して、供方装束を美しく整え、平常よりも人数を増して登城した。輿が許された大名は輿で進み、輿脇の侍が素袍または布衣を着し、徒士等は麻上下、長刀持は小素袍《こすおう》、傘持等は退紅か白丁を着て威儀を正した。御三家は大礼儀式の節は四本鎗にするなど各家々の格式による行装によって、それぞれの供連れを編成して晴れの舞台に臨んだのである。

江戸時代の街道通行は駕籠がほとんどであったが、関白を出す家柄の五摂家である近衛大納言や二条大納言は輿を使っている。安政五年（一八五八）の美濃路起宿の継ぎ立てでは、「御轅　壱輛八人、御輿二丁　八人、御輿添　四人」とあり、輿の関係は三丁、二〇人、駕籠は四種類四九挺と多く、一二一人が担いでいる。

　また、文久元年（一八六二）の和宮降嫁の行列では、京都から大津までは牛に曳かれた壮麗な唐庇青糸車であったが、大津からの中山道では輿であった。渡辺俊典氏の『皇女和宮降嫁』では、「宮の輿の前後に、宮付女房、年寄、乳人と禁中差副宰相典侍局、能登局などの女房の輿三〇挺と供奉公卿、幕府御迎役などの男輿が一〇〇挺ほどあった」と述べている。「駕籠の時代」といわれる江戸期でも朝廷や公家社会の伝統を受け継ぐ階層の行事には、輿が多用されていたことがうかがえる。

　幕末の開国後は、外国人も少しずつ来日し、乗用具も変化してきた。あぐらをかいて座って乗る駕

図4　徳川家慶将軍宣下慶賀公卿行列（文献53）
上より，二条斉信（左大臣），近衛忠熙（内大臣），日野資愛（前大納言，勅使）．

籠は、脚の長い外国人には評判が悪かった。馬とともに乗り物は椅子を装着した形式の輿がいくつか登場した。石井研堂の『明治事物起源』でみてみたい。米国領事のハリスは伊豆の下田玉泉寺に常駐していた。安政五年（一八五八）二月、病後の散歩に使うべく、二人で舁ぐ塵取のような小輿を作らせた。図絵が伝わっていないので詳細はわからないが、これに乗って海岸などを散歩したという。地元の名主與平治の日記に、「今日、異人コンシュロー（領事館）玉泉寺下浜通り歩行につき、台持人足二人出し候処、二人にては持兼候に付、又二人出し候、此時は、久四郎、小三郎相勤め候」とあり、二人では重いため四人担ぎにして丁度よかったということであるから、相当大型の重い小輿であったといえる。ハリスは安政四年（一八五七）一一月、江戸の将軍に謁見するため参向するが、駕籠がきらいであるため馬で出発した。しかし、江戸への入場では格式を表すために駕籠に乗らねばならなかったので、脚が伸ばせる特注の大型駕籠を準備して一二人の陸尺を配置していた。

横浜村での絵巻に見える文久年間と思われる輿に、「鉄棒と籐椅子のもっこの如きもの」が伝わっている。二本の鉄の棒を弓のように曲げ、籐椅子を取り付たもので、中国の輿を想起させるスタイルである。もう一つは同じく横浜で見られたもので、箱の上部に二本の棒を通し、二人で担ぐ椅子駕籠に似たものである。このほかにも、外国人が軽井沢、日光など日本の名所へ旅をしたときは、椅子付きの小輿を馬とともに使用していたことが各種の紀行文から読み取ることができる。

二　婚礼の輿

姫君たちの輿入れ

結婚のことを今でも「輿入れ」という。これは結婚式の当日、嫁が輿に乗ったまま婿の家の中まで直接入る習俗からきている。京都周辺では、輿が出立する前に祓いをする「かつら女」を招いて祝詞を言ってもらうと、縁が定まると信じられていたので、こうした儀式を終えてから嫁は父母に暇乞いをして、座敷で輿に乗る。輿の中には天児《あまかつ》（二本の竹を束ねて胴とし、別の竹を横に組んで手とし、白絹の丸い顔をつけた人形）と這子《ほうこ》（白絹に綿をつめて、縫い合わせた人形）、雌雄一対の犬張子などを入れるのが慣例であった。前の二つは小児のお守りであり、後者は犬は安産なので、これにあやかる縁起物である。

婚礼の一行がゆっくり進み、婚家へ到着すると、最初に「貝桶渡し」の儀式が行われる。貝桶は「見合わせ」に使う蛤の殻を入れる器で、二個で一組である。蛤は他の貝に合わせても決して合わないので、貞節の象徴になっていたからである。これが済むと、初めて嫁が嫁ぎ先の敷居をまたぐことができた。次いで、「輿渡し」の儀式が、それぞれの家を代表する輿渡し人と受取人との間で行われる。口上が済むと、輿を担いできた嫁側の担ぎ手から婿側へ引き継がれて、嫁は輿に乗ったまま座敷まで担ぎ入れられる。これからは婿方の介添え役が、嫁の手を取って奥の控えの間へ案内するとともに、結婚式での世話一切を行うのである。

大名の奥方や姫君は結婚式のときばかりでなく、その後の外出でも玄関では乗降しないで、奥の部屋まで輿入れされるのが慣例となっていた。外出から帰った姫君の駕籠を担いできた男の陸尺は、玄関先で一〇人の御駕籠あげ女中に引き継がれる。前後五人ずつに別れて駕籠を担ぐが、前方の者は姫君に尻を向けては失礼になるので後ずさりしたり、広いところでは横に歩いたりした。姫君が駕籠から降りるときは、女中やお目見え以下の者は姫のお目に留まらぬように早々に退くし、乗るときも駕籠の戸を閉めてから担ぐ者が呼ばれた。だから、屋敷に勤める女中たちは、奥方や姫君がどんな顔の方か知る由もなかった。屋敷の奥から箱のような輿や駕籠で移動することから、「箱入り娘」の語源になったといわれる。

「玉の輿」は、貴人の用いる輿の美称として使われるとともに、結婚によって得た富裕な身分になった人をうらやんでいうこともある。諺に「女は氏なうて、玉の輿に乗る」があり、偶然の機会に貴人に見そめられて輿入れにまで至ることが時折ある。玉の輿の語源といわれているのが、将軍綱吉の生母・桂昌院で、名前を「お玉」といった。彼女は京都の八百屋の生まれで、三代将軍家光の側室となり、豪華な輿で大奥へ入ったのである。名前のお玉と貴人に見そめられての大出世が「玉の輿」の名にふさわしい物語といえる。これに類した美談はいろいろあるが、筆者の地元・尾張で最も有名な話は、笠寺観音（名古屋市南区笠寺町）の名称のおこりについてのものである。前からあった小松寺が荒れたまま放置され、堂舎も壊れて、中の観音像が風雨に打たれたまま立っていた。この辺りに住む貧しい娘がこれを見て、あわれに思って自分の笠を観音像の頂にかぶせた。この話が鳴海（名古屋市緑区）の長者のもとに滞在していたときの関白の三男藤原兼平の知るところとなり、娘の心遣いに深く感動し、夫人として迎えることにした。兼平は夫人である玉照姫をともなってこの地を再訪し、延長八年（九三〇）現在地に寺を再興して、笠をかぶせた話にちなんで、笠覆寺としたという。現在も笠寺一帯は本堂、多宝塔、楼門門前町など江戸時代からの景観を多く残しており、参詣の人たちでにぎわっている。そして、東海道の西側にある泉増院では、玉照姫を祀っている。

わが国では古来から婚礼の形態は変化してきた。「婿《むこ》入婚」から「嫁入婚」へは、鎌倉時代に移行し始めて、室町時代に定着している。

『吾妻鏡』の寛喜二年（一二三〇）一二月九日条に、鎌倉幕府四代将軍藤原頼経と竹御所（二代将軍源頼家の女）の記事があり、「被用御輿」とあって牛車でなく輿を用いている。また、文應元年（一二六〇）三月二一日条に、宗尊親王と近衛兼経の女の婚礼でも乗用具として「御輿」と記されている。しかし、京都での公家の婚礼では依然として牛車が使われている。鎌倉時代は武家社会では嫁が婚礼で輿を用いるようになってきており、婚礼用の女性の乗用具の発生をうかがうことができる。

室町時代に嫁入婚が定着し、その婚礼儀礼が今日の婚礼にも多くの影響を与えている。武家の礼法については、伊勢貞陸の「娵入記」や「よめむかへ事」にまとめられている。「娵入記」には、嫁入りの際に一二丁の輿を用いることを定め、その使用者の次第について、

一、一ばんこし。大上らう。二ばんに小上らう。此あひだへめし候御こし。三ばんに御つぼね。四ばんに中らうのかしら。五ばんに同中らう。これより十二ちゃうしだいに参るべし。いにしへは十二ちゃうめおはりのり申候

と記しており、輿には嫁のほか、その世話をする付き添いの女房が使用することが定められている。一二丁の輿の順番は、一番目が女房の責任者である大上臈、二番目が小上臈、この間に嫁の御輿、三番目に御局、四番目に中臈の頭、五番目から一二番目の輿に中臈と定めている。また、輿の数は一二丁を基本としながらも、家格に応じて三〇丁や五〇丁もあるといい、武家同士の政略結婚が盛んになる戦国期には、婚礼行列は拡大傾向になっていく。

江戸時代初期の武家の婚礼では輿が用いられている。尾張藩初代藩主徳川義直は浅野幸長の娘・春姫と元和元年（一六一五）四月一二日に結婚式を挙げたが、「事蹟録」の当日の記事は次のようである。

殿様江浅野紀伊守殿御息女様、御本丸江御入輿御婚礼有之御道通り桑名より御渡海。熱田にて御中休。夫より御行列にて本町通り大手江被為、入戌剋二之丸江入、御供奉之女中乗物五十挺、馬上女四十三人、御長持三百棹、御先江中間一行銭一貫文ずつ深紅縄に繋ぎ、肩に懸け百人、其次に御道具ト

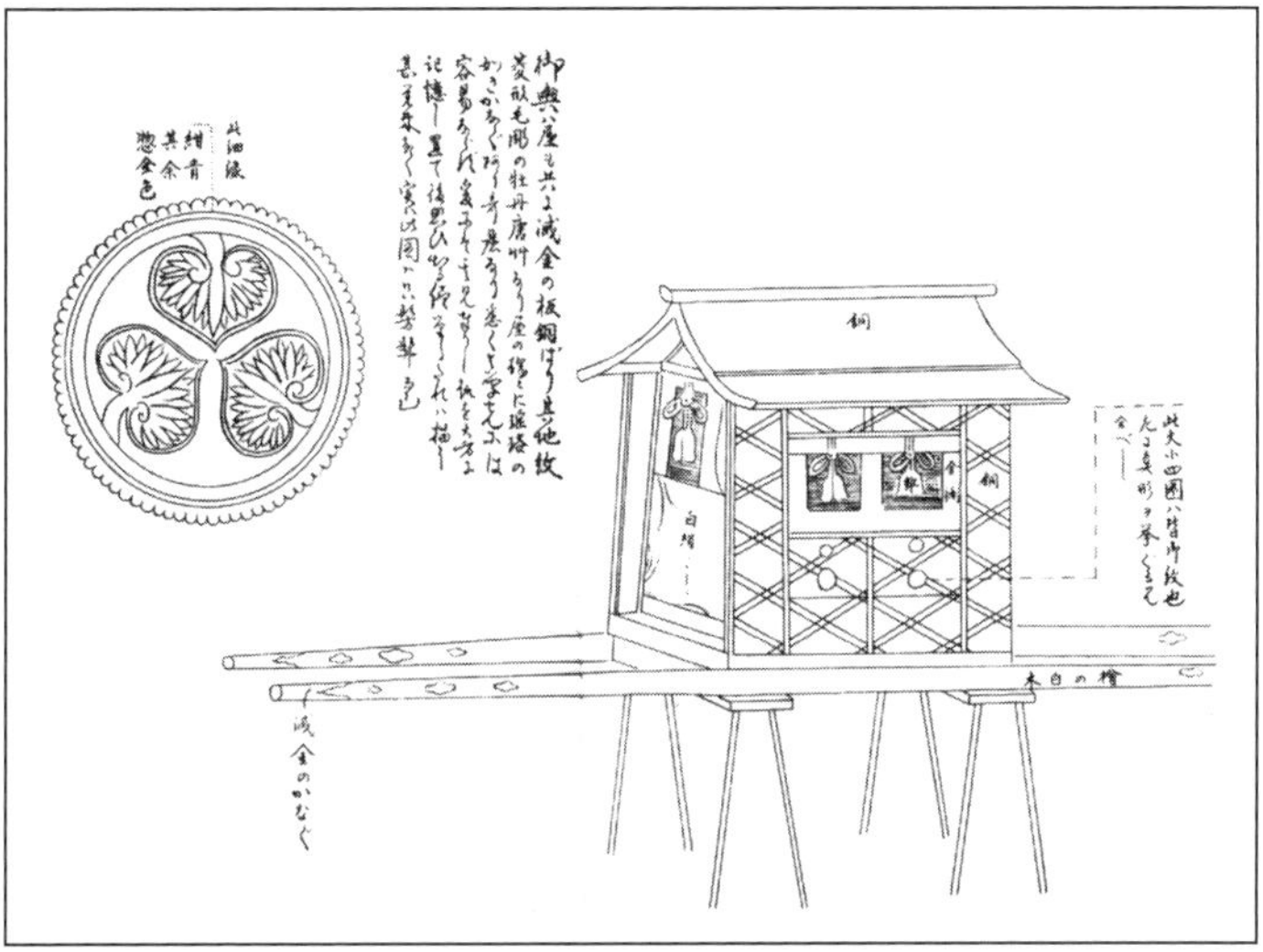

図5　千代姫様御轅輿（文献7）

「御輿入の節、大御所様御門櫓上にて、御行列上見」とあり、父の家康も名古屋城で迎えている。この義直公の婚礼で用いられている輿は五〇挺と記されており、大規模な婚礼行列であったことがわかる。また、中間一〇〇人が深紅縄に永楽通宝などの銭を一貫文ずつ通したものを肩にかけて行列に加わっていることに、戦国時代の遺風がうかがえる。

尾張藩の二代光友は三代将軍家光の娘千代姫と寛永一六年（一六三二）に挙式している。『源氏物語』の初音の巻を表す蒔絵を施した婚礼調度を特注して輿入れした。このとき使用した轅の御輿の図（図5）と説明資料が伝わっている。「白木造り、金具滅金御紋付、御簾縁金襴、簾釣絹の御帳懸る。これにも総角の餝り内外同じ。内は鳥の子張、霞金泥、絵松竹梅、草花に水鳥」とあと輿の造りの説明があり、「二挺あつて内一挺は御召替とて箱に納む」と記している。そして、図に添えて、「御輿は屋も共に滅金の板銅ばり。其地紋菱形毛彫の牡丹唐竹なり。屋の端々に瑶珞の如き金具あり。奇麗なり」と記載がある。前者に檜の白木造りとあるのに対し、後者にはこれがなく、滅金の板銅張りとある。「婚礼道具図集」によれば、「婚礼之時は白木地轎なり」とあり、白木造りが一般的であった。しかし、今回は白木の板の上に滅金の銅板を張って、家紋を散らす高級仕様に仕上げたのであろうか。

入輿行列の乗用具をみると、長柄のあとに御召御輿、御貝桶の後に道具類が続き、御輿、御輿副二〇人、御傘、白布袋が進む。そして、中臈以下が乗る長柄切が三挺、御徒衆などの乗物が一九挺続いている。

その後話題となった婚礼の一つに、八代将軍吉宗の養女竹姫の薩摩藩島津継豊への輿入れがある。婚礼調度は「梨子地《なしじ》（漆の上に金・銀の梨子地粉を蒔き、上に透明な漆をかけて透かし見る技法）御紋蒔絵」や「黒塗蒔絵」等が施された高級仕様である。輿も両家の御紋が散らされ、屋形や長柄全体に上記の技法で精緻に仕上げられている。享保一四年（一七二九）一二月一一日、竹姫の御出輿があり、下乗橋辺りに諸有司や譜代衆が見送るなか、桜田の虎門から、芝の島津家上屋敷へ入った。竹姫の移居にともなって一〇〇余人の女中も移ったという。

あと一つは、天明七年（一七八七）の一〇代将軍家治の養女種姫（吉宗の次男田安宗武の娘）の紀伊家への輿入れである。受ける紀伊家では、経費念出のため「当年より六ヶ年之間一同半知」が令され、家臣の節約のもとで進められることになった。種姫の「婚礼行列図」では、白い輿に乗り、葵の御紋

図6 「東福門院入内図屏風」（文献44）

の入った緋傘がさしかけられている。そして、御召替用の替輿、副輿には黒漆金蒔絵女乗物の駕籠が登場している。これから幕末にかけては、大名や公家との婚礼においても女乗物が乗用具の主役となり、輿の使用は和宮などきわめて限られた階層の人たちだけとなっていく。

東福門院入内《じゅだい》行列

二代将軍徳川秀忠の娘和子《まさこ》が、後水尾天皇の女御《にょうご》として、元和六年（一六二〇）六月一八日に入内したときの行列図が伝わっている（図6）。二条城から内裏へ向かう一行は、和子が乗る二頭曳きの牛車が頂点で、このほかの乗用具としては輿、駕籠、馬が使われているが、これらは高貴な人たちに限定されており、ほとんどの諸司、警衛、随身などの同勢は徒歩である。

入内の行列に先立って、調度品・道具類が運び込まれた。一番の長櫃一六〇棹から二六番の御服櫃五荷までのおびただしい数量であった。次に、局以下の上臈が乗った長柄輿四〇挺、中臈以下の女房の乗った長柄切（釣輿・半切・駕籠）三六挺が続いた。「東福門院入内図屏風」（三井文庫）の右隻一段目に二人持の長輿柄と二人担ぎの長柄切が描かれている。烏帽子姿の侍を三、四人ずつ従え、駕輿丁は素襖を着ている。そして、図中に「女中方のながえごし如此」と墨書されているので、女房衆の乗った多くの輿のうち代表してわずかな数を描いたのであろう。

『台徳院殿御実記』から、行列の編成と乗用具に関する記述をみると、

十八日都にてはけふ　女御入内し給ふ。かねて二条の城より　大内迄の道作り、辻固の警備等おごそかに命じられる。（中略）次に長柄輿四十挺。局以下の上臈これに乗る。次に長柄切三十六挺。中臈以下の女房これにのりてお先に参る。すべて御調度の持天、浅黄の素襖を着し、輿駕丁も素襖着。烏帽子着の侍三四人づつしたがふ。（中略）次に御車は金銀梨地高蒔絵。紫糸毛白絹の下簾をもるる蘭麝の薫りは四方に馥郁たり。御車は牛二疋にてひき。（中略）次に御供車六領。（中略）次に摂籙九条関白幸家（このときは忠栄《ただひで》）公轅の塗輿。駕輿丁十人。同紋の素襖着す。（後略）

婚礼行列の本隊は、雑色一〇人が鉄棒を提げて二列で行き、次に、「御先追ふ声　いと高し」と『台徳院殿御実記』にあり、警蹕を発しながら進んだ。そして、四五人の伶人が路楽を奏しながら進み、前駈の殿上人、武将らが騎馬で行き、次に金銀梨地高蒔絵のきらびやかな御車、続いて御供車六領が従った。その後に、関白の九条忠栄の塗輿が一〇人の駕輿丁によって運ばれ、左大臣、内大臣の輿が

続き、次に清華の公卿一三家が騎馬で供奉している。そして、諸司、警衛、惣同勢数千人が歩行で続いたという。

新出の「洛中洛外図屏風」では、東福門院の入内を景観として洛中洛外を鮮明に描写している。六曲一双で左隻では二条城東御門から堀川通りを北上する牛車、その前を行く駕籠、輿、楽人、騎馬の行列は一条戻橋を渡って東へ向かう。右隻へ入り油単が掛けられた長持などの入内道具の列が続き、先頭はすでに内裏に達しており、門前には女房衆の輿も到着している。堀川端では桟敷を設け、屏風を立てて酒食しながら延々と続くきらびやかな行列の見物を楽しんでいる。

この図の特色は、輿や駕籠と牛車が連なって進む様相である。先頭の輿は赤味を帯びて黄色の模様が散らされておりひときわ美々しく、乗っているのは関白九条忠栄であろう。輿脇には随身、烏帽子侍など一〇数人が付き添っている。これに続いて輿が八挺と駕籠が六挺、一団となって続いている。駕輿丁はいずれも二人で簡素である。このすぐ後に二頭曳きの和子が乗る牛車と御供車六輌が進んでおり、この部分の乗物群は圧巻である。

『台徳院殿御実記』や「東福門院入内図（三井家本）」等から行列内容をみると、この位置に牛車群が行くことは一致するが、輿や駕籠の配置は相違している。牛車の後には関白、左大臣、右大臣の三挺の輿が続いているだけである。これだけ多くの輿や駕籠が使われたのは、入内行列に先立って出発した女房衆の長柄輿と長柄切の一群である。この図では関白の輿は和子の後を供奉しているが、前述の資料説明では、関白の輿は和子の牛車の前方になっていて符合しない。これらのことからみると、輿と駕籠の一団はこの行列の乗用具群を多彩にするねらいで、中心である和子が乗る牛車の前駈に配したのではないかと考えられる。

この婚礼行列は朝幕融合をねらった盛儀であった。乗用具は武家では珍しい牛車を最上級で使い、次いで輿、騎馬、長柄切が用いられ、貴族、武家、庶民の各階層の乗り物が登場し、婚礼行列としては異色の構成であったといえる。

その後、元和九年(一六二三)一一月に、女子が誕生し、一宮興子《おきこ》親王として成長した。そして、寛永六年(一六二九)一一月八日、七歳で譲位され、明正《めいしょう》天皇となった。女性天皇は八〇〇年ぶりであり、世の注目するところとなった。同一一年(一六三四)喜びに満ちた将軍家光は、三〇万人の供と上洛し、多くの禄服を朝廷の諸司に献上するとともに、京中に銀五〇〇〇貫を賑給する大番ぶるまいであった。同二〇年(一六四三)後光明天皇への譲位が行われた。この母は壬生《みぶ》藤原光子であり、東福門院和子との関係は切れることになった。

この婚礼行列は、天皇家と徳川将軍家との婚礼であるから、武家の婚礼との違いが見られる。それは、牛車が用いられていること、長柄切という駕籠が登場することである。牛車は武家からすれば使用例がないことであるが、天皇家からすれば常例のことである。長柄切は中臈以下の女性が乗った駕籠であり、江戸時代初期の新しい乗り物を多数使用しているところに、時代の新風を感じることができる。

和宮降嫁

和宮降嫁の中山道通行は、「前代未聞」「空前絶後」などの表現で、驚きをもって伝えられる江戸時代最大の行列であった(図7・8)。公武一和の証として、孝明天皇の皇妹和宮が一四代将軍徳川家茂に嫁する参向である。この行列は朝廷と幕府の相互に示威的なねらいがあって、京方一万人、江戸方の出迎え一万五〇〇〇人、警固の担当藩士や継ぎ立て人足などを含めると、一宿当たり七、八万人にもなるという大通行となった。

和宮内親王は文久元年(一八六二)一〇月二〇日、京都の桂離宮を出立した。先駆は京都町奉行・関出雲守行篤《ゆきあつ》で、手勢を率いて騎馬で随行している。そして、北面の諸太夫ら一〇人がそれぞれ徒士や手廻りの同勢をともなって駕籠で進んだ。その後に、六位蔵人の駕籠、殿上人公卿六人の輿がそれぞれの同勢に囲まれて続いた。そして、牛に曳かれた荘厳な唐庇青糸車に和宮が乗って進んだ。前後を数多くの女房連が朱塗りの鋲打駕籠に乗って扈従している。この駕籠脇には御用人たちが冠をつけて朱の日傘をさしかけてついているので、「錦繍《きんしん》をちりばめ」たようにあでやかであったという。これらを江戸の講武所から選ばれた手練の五〇人からなる特別警固隊が、警備に万全を期していた。

この後には朝廷側の権大納言中山忠能はじめ公卿殿上人の面々の輿、生母観行院、江戸からの迎えの上臈花園、宰相典侍庭田嗣子らの駕籠、そして、武家伝奏広瀬中納言光成らの輿、江戸側の迎えの中心として上京した若年寄加納遠江守久徴らの武家が騎馬で進んでいる。これらの間には、歌書櫃《ひつ》、和琴櫃など数百棹の調度品が人夫に担がれて運ばれており、その華麗さに沿道の人々は目を見張った

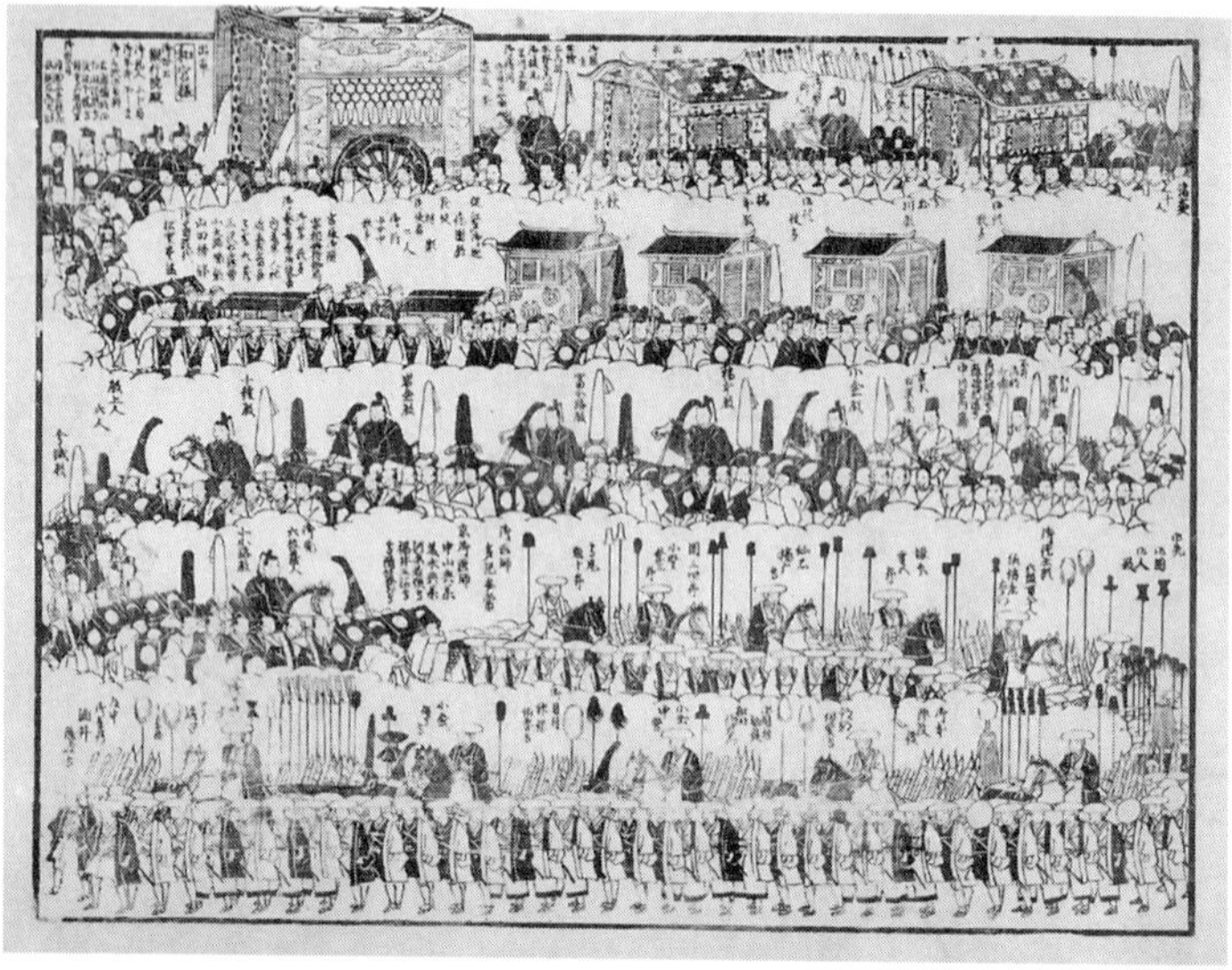

図 7a　和宮下向行列（文献 55）

図 7b　同上（文献 54）

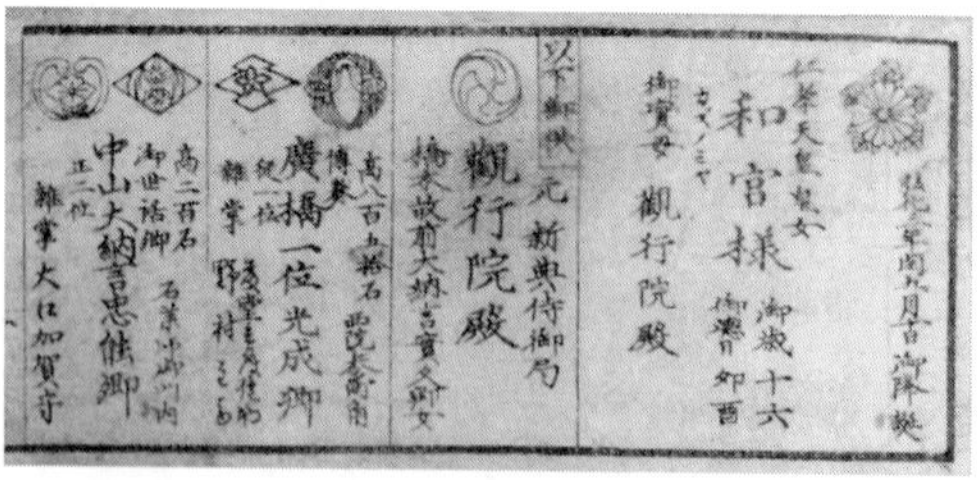

図 8 「和宮内親王御降嫁行列乃供奉人名表」（文献 54）

ことであろう。
京都を出た一行は、大津宿で二泊して、二二日から四陣に分かれて江戸へ向かった。中山道筋は道幅二間二尺（四メートル）に改修され、置き砂が厚さ三寸（九センチ）、幅四尺（一・二メートル）に敷かれて、江戸の清水御殿まで整備されるという特別対応であった。

この大行列を迎える中山道の宿泊地に指定された各宿では、宿舎の確保、人足用仮小屋建設、莫大な下用品の調達が急務であった。あわただしい直前準備の日々が過ぎて、一〇月二六日午後、大湫宿（岐阜県瑞浪市）へは第一陣の公卿菊亭中納言、八条中納言の一行が次々に到着した。菊亭中納言一行一一四人の交通手段は、輿と替輿各一挺、乗り物八、引戸駕籠など六一挺で、総勢の五三パーセントが輿と駕籠を利用している。菊亭中納言は輿に乗り、上下の公家衆と上級侍が乗り物や引戸駕籠、近習、才領・小頭などが乗駕籠や宿駕籠を使い、歩行が徒士、下部たちであったと考えられる。二日目は中山大納言・広橋一位らが無事宿舎に入っている。中山大納言一行は供が一二二人と最も多く、輿三挺（御輿之衆三一人）、駕籠一七挺が使われている。三日目はいよいよ和宮の本隊が入宿する日で、秋晴れの好天であった。警備の尾張藩士、宿関係者や各地からの手伝いの人たちの出迎えの中を、前後を多くの供揃えの人たちに囲まれて、午後五時近くに到着した。

渡辺俊典の『皇女和宮の降嫁』では、「宮の輿の前後に、宮付女房、年寄、乳人と禁中差副帝相典侍局、能登局などの女房の輿三〇挺と供奉公卿、幕府御迎役などの男輿が一〇〇挺ほどあった」と述べている。そして、その後から武家の供揃いが一〇〇〇人余続き、総勢四〇〇〇人を超して、継ぎ立て人足は一万三八一四人になったという。最後の四日目は坊城中納言、武家伝奏、岩倉侍従ら四卿が中心で、このうち、最も多いのは坊城中納言一行一四一人で、輿一挺、乗り物三、駕籠三七で、長持棹数二一、人足総数は二六七人であった。

大津宿以降の中山道での利用交通手段は、輿が和宮、女房衆、公卿など最も格の高い人たちに限定して使われており、駕籠は諸太夫、女官、江戸から迎えの上臈、上級武士などが多く、馬は武家が中心であった。桶川宿（埼玉県桶川市）の宿割書上から、輿と駕籠に関する項目をみると、使用中のものはそれぞれの宿舎へ持ち込まれ、予備のものは替御輿置場が別のところに設けられて集中管理されていた。また、高貴な人たちの輿や駕籠を担ぐ者は、まとまって宿舎に入っており、御輿之宿一六人、御用部屋六尺、八瀬童子（輿丁）二四人などと記載されている。

中山道での和宮内親王の輿での通行に関する具体的記述や観察による描写の資料はきわめて少ない。畏れ多いことと考え敬意を表して、詳細を記すことを遠慮したのであろうか。島崎藤村の『夜明け前』では、「姫君を乗せた御輿は、軍旅如きいでたちの面々に前後を守られながら、雨の街道を通った」とあり、全体の印象が端的な表現になっている。

中山道の下向は、厳重な警固もあって順調に進み、一一月一四日最後の宿泊地板橋宿を出立した。途中での和宮の御詠をみると、

住みなれし　都路出《いで》て　今日幾日《いくひ》　急ぐもつらき　東路《あづまじ》の旅

落ちて行く　身と知りながら　紅葉ばの　人なつかしく　こがれこそすれ
旅衣　ぬれまさりけり　わたり行く　心も細き　木曽のかけはし

などがあり、宮の御心情を察することができる。

最終道中の担当は、加賀藩主前田家で、沿道警備に万全を期して臨んだ。街道には一面に砂が敷かれて箒目が立ち、侍や女房たちが盛装して迎えるなか、和宮の輿は田安家清水御殿に無事到着した。

ここで、最初の悶着が起きた。八瀬童子の輿丁が和宮の輿を担いで、玄関を上がろうとしたところ、清水家の女中に拒否された。江戸では髪を結い上げて女陸尺が玄関で輿を引き継いで、居間へ運び入れるのが慣例であった。御所風（京風）は、輿を担いできた駕輿丁がそのまま居間まで輿入れするのが風習であった。輿の運び入れ方にも、それぞれの伝統文化の様式が入っていたのである。御所風と江戸風の対立が早くも表面化したのである。外では、御所風と江戸風（武家風）のどちらで行うのかの話し合いが続けられた。和宮側からはかねてから輿向きのことは京風でと申し入れて了解がとれていると受け取っていたが、結果は受ける側の江戸風で清水御殿へ入ることになった。この後も、大奥の生活で、御所風と江戸風の対立がさまざまなところで起こり、深刻な問題になっていくのである。

和宮所用と伝えられる輿が、京都御所内の宮内庁京都事務所の御殿の一室に保管されていることが『続・歴史のかたち』に紹介され、江戸東京博物館の「珠玉《たま》の輿」展で展示されて注目された（図9）。春慶塗の臙脂《えんじ》が美しく、装飾を廃した簡素なつくりであるが気品がただよう輿である。両側の物見窓

図9　和宮の輿（文献2章20）

の下に、四つの黄銅製の三つ葉葵の紋がつけられており、異彩を放っている。前方は簾で、後方は開閉できる観音開きになっており、留め金がつけられている。輿は前方で乗り降りするのが基本であるが、場合によって後方も使えるようになっている。この輿の大きさは縦一五七センチ、幅一一四センチ、長柄の長さ四七七・六センチである。和宮は明治二年（一八六九）になって江戸から京都に帰り、五年を過ごしている。この輿はこの間に使われたものであろうか。

婚礼用の華やかな輿が常例化するのは、鎌倉時代からといわれる。婿入婚から嫁入婚が定着し、江戸時代初期には武家でも輿による嫁入りが一般的になる。その後、釣輿（半切）が登場し、宮家に召し使われる婦女の乗り物として使われている。これが江戸時代中期から拡大して駕籠が女乗物として定着し、輿の使用は特別高位の女性に限られていく。

三　諸外国での人担乗用具

中　国

中国古代の周や秦時代の支配階級の乗り物は馬車、牛車が中心であった。その後の漢代から晋代もこの傾向は続いた。輿は秦、漢時代から一部で使われ、肩輿の名が初めて見えるのは晋代（二一八〜三一六）である。唐代（六一八〜九〇七）では男性は騎馬が中心であり、高貴な女性が兜輿《とうよ》に乗ることが広まっている。後唐（九二三〜九三六）になって、洛陽では宰相が肩輿に乗って参内するようになり、男女とも輿を使うことになった。宋代には肩輿は轎子《きょうし》と呼ばれ、植物の「しゅろ」などで上部を覆って陽や雨を防ぎ、百官たちが入朝の際にこれに乗って二〜八人で担いで運行した。明（一三六八〜一六四四）、清（一六一六〜一九一二）時代の武官は騎馬であるが、県令以上の役人は轎子に乗るようになり、その帷の色で等級を区別していたという。

輿は簡便な竹轎から高級な材質を使った装飾の多い輿まで多様につくられた。椅子に座って乗り、運行は肩で担ぐ方式と手で持つ方式があり、用途に応じて多彩な輿が登場している。庶民の多くが轎を使ったのは婚礼のときである。寛政年間（一七九〇年代）に福建省など中国南部の風俗を記した『清俗紀聞』によると、花嫁は新郎の家からさし向けられた花轎に乗って出発している。轎は三丁、いずれも腰輿方式で媒人、花嫁、新郎の順である。花轎は金茶色の幕を張り、紅色の房が垂れ下がっている。屋根は網み目のところが黄色、屋染は紅、破風の内側は水色で、黄色の花飾がほどこされ、短い垂れ幕は紫色と華やかな色合いと装飾である。

大正末期の北京の風俗をまとめた『北京風俗図譜』によると、「花嫁を乗せた紅い轎は、屋根に白ろうの玉が輝き、屋根の四すみには赤い房がさがり、周囲にもさまざまな色の房が、ヘリを飾っている。これを揃いの仕着せに、飾りのついた帽子をかぶった八人の輿かきが、担いで行く。多勢の人夫が儀仗兵のように、虎、龍、鳳凰の旗をもち、長い柄の斧や馬のあぶみ、金の瓜をつけたものをかついで、婚礼行列が儀仗をととのえ、楽隊のにぎやかな演奏とともに沿道の人たちの注目を集めながら進んでいる」（図10）。冠婚葬祭などの人生の節目には、ふんぱつして轎を使うのは、日本も同様であった。

今日の中国では、山岳地帯や観光地で輿が使われている。『世界乗り物事典』によると長江三峡ダム完成前の瞿塘峡《くとう》の白帝城への九〇〇段の階段を、一〇〇元（一五〇〇円）で輿で運んでもらえる。「トッホー・トッホー」「カーユ・カーユ（加油＝燃料を加えて馬力を出せ）」のかけ声とともに軽々と登っていく。また世界遺産になっている黄山（安徽省・標高一八〇〇メートル）は、急峻な奇岩の連続で、とくに尾根筋へ向かう最終部は四〇度を超える急坂であり、両手で岩をつかみながら一歩一歩進むしかない。ここにも、二本の竹の間に小さい椅子を組み込んで二人で肩に担ぐ輿（現地では駕籠と呼んでいる）が利用できる（図11）。担ぐ人たちは体は細身であるが、筋肉質の体つきで精悍《せいかん》である。こんな急坂の細い道を行けるのかと心配するのであるが、ゆっくりゆっくり、休憩を入れながら着実

図 10　嫁とりの行列（『北京風俗図譜』，文献 1）

図 11　中国の竹輿（文献 56）

に登って行く。朝から歩き続けて体力を消耗し、最後の胸つき八丁で疲れきった人には、まったくの助け船であり、利用する人がけっこうある。ただ、急坂では乗っている人の頭があお向けになって後ろへ下がるので、ひっくり返るのではないかと不安がつのるという。いずれにせよここの輿は足に自信のない人にとっては誠にありがたい乗用具である。

朝　鮮

朝鮮で輿がいつごろから使われたかははっきりしないが、新羅時代の瓦の模様に輿と似たものがあったり、高句麗古墳の壁画でも、牛車や婦人が乗る輿が見られたりすることから、四世紀初期の三国時代にはあったと考えられる。その後の新羅王朝、高麗王朝時代も使われ、李氏朝鮮時代（一三九二〜一九一〇）には、輿は乗る人の身分によって仕様が違うようになり多様化した。王の輿は輦といい、左右と前に玉をつけた珠簾《しゅれん》があり、長い轅で運ばれた。また、前後二頭の馬に轅をつないだ賀轎《かぎょ》に乗ることもあった。

民間の婚姻では、四人が腰輿方式で持つ四人轎《サインギョ》が多く使われた（図12）。『朝鮮歳時記』の婚儀の項には、「新郎は白馬にまたがり（中略）、新婦は屋根の尖端を黄銅でつくった八人轎に乗り、簾を垂れる。その前に青紗灯四対と案袱一対を立てる」と記し、行列を組んで街路をねり歩いている。

このほかの輿として、椅子の形だけで覆のない籃輿《なみよ》、四本柱を立てて四面に徽章を巡らし、組み立てたり、分解したりして使えるようにした帳歩轎などがあった。

図 12　四人輿（文献 57）

図 13　喪輿（文献 58）

国の重要民俗文化財に指定されている喪輿が野外に展示されている（図13）。金佑明は顕宗によって国王の舅として清風府院君に任じられたが、一六七五年に死亡すると郷里に運柩するために、国から喪輿が下賜された。これが「清風府院喪輿」で、組立式で長杠棒の上に輂チョッテ（輂の轅に取り付けた横木）を載せ、その上に霊柩（長さ約二メートル、幅八〇センチ）を置く方式である。四隅の支柱に彫刻して彩色した鳳頭が固定してある。轅は長いもので六メートルあり、三六人で担いだという。葬儀にはかつて輿が使われたのは日本も同様である。

ソウルの国立民俗博物館の「韓国人の一生」の展示館には、人が生まれてから死ぬまでの暮らしぶりや儀礼が展示されており、婚礼用の轎や葬儀用の喪輿も紹介されている。

ヨーロッパ

『日本史再発見』の「ヨーロッパの車・乗り物事情との比較」において、ロンドンの椅子駕籠のことを詳細に紹介している（図14）。それによると、一六二三年ロンドンで使用されたのが始まりで、一六三四年にはダンコム卿が、〈セダン〉と名付けた「囲い付き椅子に客を乗せて運ぶ」仕事の独占権を認可された。これは当時、南イタリアのナポリでこのような〈運び椅子〉が使用されており、これをロンドンに導入したということである。セダンの名称は「腰掛ける」という意味のラテン語からきているという。

一八世紀になると、これは〈貸し椅子〉と呼ばれるようになり、一八世紀半ばには〈セダン椅子〉

図14　セダン椅子（ロンドンの輿．文献59）

と呼ばれて定着する。一七一二年までにはロンドンで三〇〇台が免許された。そして、馬車とともに広く利用され、時間と場所によっては交通渋滞が起きるほどであった。

この乗り物は、人を乗せる細長い四角の箱の前から乗って、中の椅子に腰掛けると、箱の両側につけた二本の棒を前後二人で腰輿のように手で吊って運行するものである。使うのは舞踏会やディナーパーティーへ行く婦人、町を巡回する医師など富裕層が中心であった。フランスでは貴婦人たちの乗り物で門番たちによって運行されたという。

伝えられている図版からセダンチェーヤと呼ばれる個人所有の高級仕様の椅子輿をみると、図は一七世紀フランスの貴族社会で使われた二人持ちで、前方の戸から出入りする。たて長の箱形で装飾はロココ式で、渦巻状の曲線、花飾、唐草などの模様に淡彩と金色をほどこした佳麗なものであ

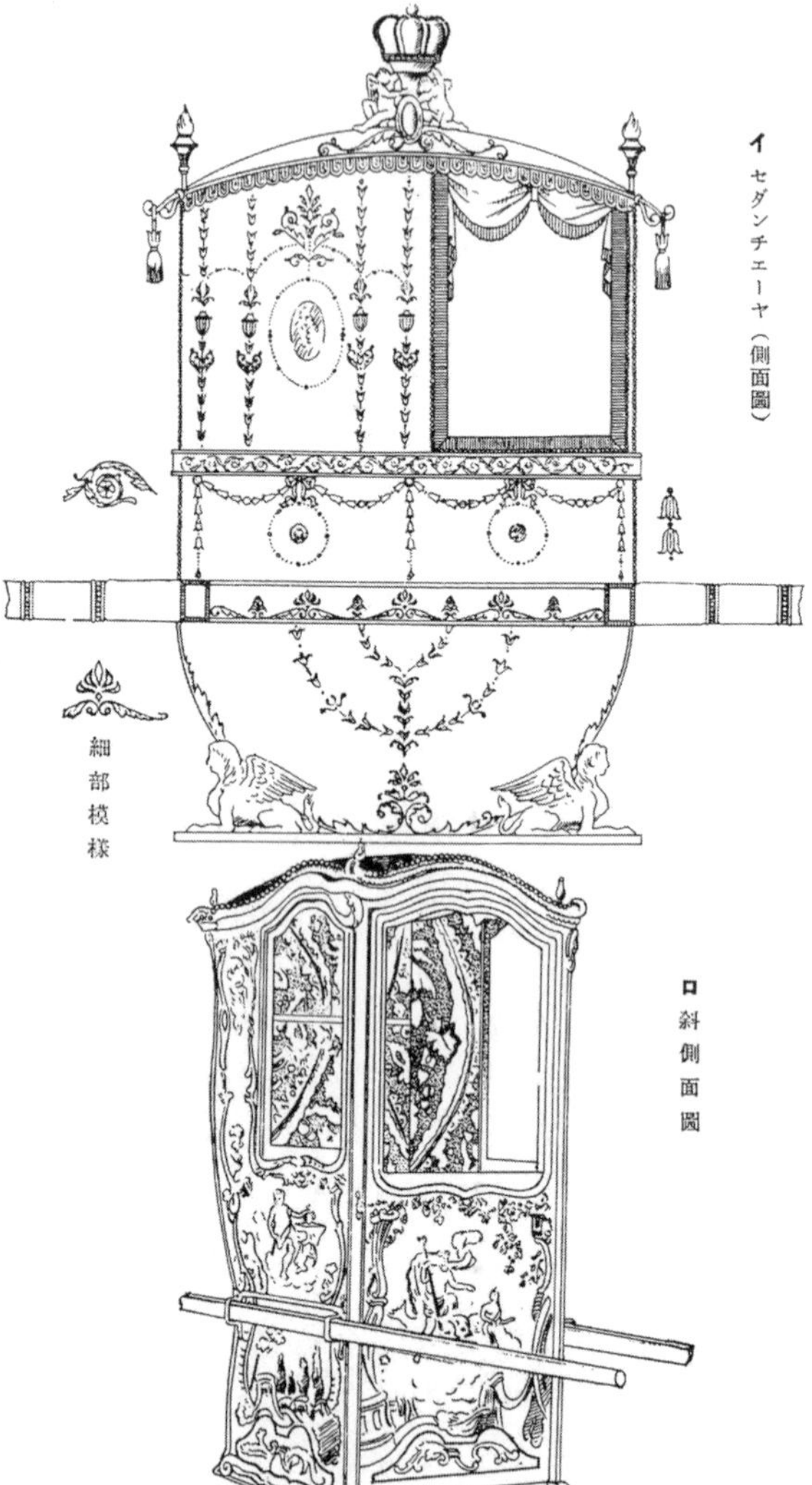

図15　セダン椅子（文献2章15）

る。ことに内部装飾は豪奢の限りを尽くしたもので、ルイ一五世時代の爛熟した文化の一端をうかがうことができる。

図15は一八世紀イギリス王室の使用で、屋根や箱の下部は丸味を帯び、全体の様式はルネッサンス

式で、前後左右の側面にギリシャ建築のコリント様式の飾り模様で有名なアカンサス（きつねのまご科、花茎をのばし、白にバラ色を帯び、穂状に花をつける）で装飾されている。屋上の中央には二人のキューピットによって王冠が支えられており、壮麗な雰囲気を醸し出している。

また、オーストリアのウィーンでは、一七〇三年から輿が認可されており、赤い服の運び人が活躍している。馬車に負けじと、疾風のように飛ばすことが話題となり、「恐怖の交通機関」といわれた。

一八世紀には、ヨーロッパ各地で椅子輿が相当使われており、馬車より手軽な乗り物として利用されていた。これは明治初期の横浜でも一部で使われ、現在も中国の観光地では時折見かけることがある。

図16　古代ローマの輿（文献60）

『図解古代ローマ』の中に、西暦一二八年のローマ市街の景観を復元した絵図がある（図16）。道を行く多くの人たちの中に輿が描かれている。長方形の屋形の中に貴人が小さい椅子に座って乗り、横に中割れのカーテンが付けられている。前後六人ずつ計一二人が二本の長柄を肩で担いで運んでいる。大型の輿であり、輿脇の伴にあたる人は描かれていない。近くのコロセウムで行われる見世物や競技を見物に行くところであろう。

『絵で見るナイル物語』には、紀元前一五〇〇年ごろのナイル河畔・アスワンの様子が描かれている。この中に、貴族の婦人が四人担ぎの輿に担がれて進んでいる。二本の轅に椅子を取り付けて座る簡素なもので、屋形やおおいはなく、日本の塵取とほぼ同型である。また、テーベの場面では、紀元前一一八〇年ごろのオペト祭を描いている。この祭は生命を司るアメン神をたたえるため、神の像をカルナック本宮から第二神殿まで行列を組んで渡御するものである。神像を乗せた厨子は丸木舟の形をしており、脇に二本の長柄をつけて前後六人ずつ、計一二人で担いでいる。前後を高位の神官が行き、脇を護衛の従士が固めている。行列の両側には多くの民衆が集まって、何か言っているようである。エジプトではだれでも神像の前に跪き、請願することが許されたという。

インド

『南蛮屏風集成』の中に、インド南西部のポルトガルの植民地であるゴアの市中をパランキン（パランクウイン）と呼ばれる輿に乗って行く、ポルトガル貴族の図版が四種類ある。全体の構図はよく似ているが、乗っているパランキンはさまざまな形態になっている。日本人画家が当時の情報をもとに描いたものであるので、現地のものとは差異はあろうがまずは見てみたい。

一つは、正方形の台に枠の付いた小輿で、八人持ちである。日傘をさしかけ、輿脇には前三人、後ろ一人の四人が付き添っている。次は、背もたれと手すりががっちりした造りの小輿で、下に猫足状の突起が付いている。日傘をさしかけ、直棒二本を四人で持っており、輿脇には鎗を持った衛士が一

図 17　パランキン（『南蛮屏風集成』，文献 61）

人付き添っている。もう一つは、小輿に日傘を取り付け、直棒二本を四人で持ち、横木に取り付けた曲がった補助棒を二人が肩で担いで、六人がかりで進んでいる。輿の下部には猫足が付いている。最後は、厚味のある肘かけ部分の板に龍の彫り込みがみえる。日傘をさしかけた小輿に乗り、曲がった補助棒もある轅を六人で持っている（図17）。

　この四図の共通点は、いずれも小輿で、貴人を示す日傘があり、輿脇に従者がつき、きちんとした服装の運び人が四〜八人で担当していることである。インドでの輿の状況を知る手がかりにはなっているといえよう。ゴア政庁では、男子を対象に輿の使用禁止令をたびたび出したが、実効は少なかったという。

　日本でも宣教師のフロイスから献上されたパランキンを、秀吉が行軍の道中や花見などで乗っていたことが伝えられている。また、近年のインド旅行記に、「ヒンズー教寺院の門前で、輿に乗ったバラモン（僧）に行き会った。その輿は椅子の脚に二本の棒の轅にあたるものが付いていて、屋形はなく、二人の男が肩にかついでいる。バラモンは衣装から見て寺院の中でおこなわれる宗教の儀式に参加するために、輿で迎えられたのであろう」と記している。今日でも輿の原形ともいえる椅子型の素朴な輿がバラモンの送迎に使われていることに注目したい。

その他の国々

ロシアの陸軍士官ラックスマンは、使節として寛政四年（一七九二）九月に、漂流民大黒太郎らとともに根室に来航して国交を求め、松前で江戸幕府の目付と協議したが不成功に終わった。このとき、ラックスマンは肩輿に似た乗り物に座して、四人で担ぎ、輿脇に四人が従って会見場へ進んだという。ロシアでもヨーロッパと同じような輿が使われていたのであろう。

ペルーでは一九四五年からインカ帝国時代（一三～一六世紀）に行われていた「太陽の祭り」を再現するようになった。毎年六月二四日、クスコのサクサクマン城塞の広場で行われ、数千人の人たちが参集するという。南の丘から椅子型の金色の輿に王に扮したたくましい男性が乗って、八人の若者に担がれて登場し、その後に多数の祭りの行列が続く。王の冠の正面には神の化身の印である赤い鳥の羽根、両方の耳脇と胸に黄金に輝くメダル（太陽のシンボル）、右手に黄金の長い斧（王権の象徴）をつき立てている。輿の後方からは鳥の毛でつくった大きな傘をさしかけて、威光を示している（図18）。

図18　ペルーの太陽の祭りの輿（文献62）

日本の場合は天皇や御神体は簾の奥にあって、外から見えないのに対して、外国の場合は御神体がよく見える小輿や神輿が多い。フィリピンのイゴロット族の祭りでも、首長を神に見たてて輿のような乗り物に乗せて運ぶという。

第2章

輿の種類

一　輿の特徴

輿は人力で人や物を運ぶ運搬具の総称である。人を乗せる台の下に、轅《ながえ》を付けて肩に担いだり、腰の辺りで手に持ったりして運行する。前者を輦《れん》・輦輿といい、後者を腰輿《ようよ》・手輿《たごし》という。

江戸時代の図解百科辞典の白眉といわれる『和漢三才図会』の車駕類には、図19のように六種類をあげており、このうち輿類は輦、轝、轎の三つが図示され、次のように説明されている。

「輦」は、音が連《れん》、和名は天久流万《てぐるま》で、鳳輦の図である。『漢書』の注に、「人を乗せて行くものを輦という」とある。『通典』に、夏后（夏王朝）の末代に輦ができた。商（殷）では胡奴車という。周では輜車《ししや》という。隋では輦をつくって輪を付けず、人に荷《にな》わせた」と、輦の歴史を紹介している。中国では、輦は車輌のある乗用具から、人が担うものに一部変化したことが読み取れる。

「轝《こし》《イユイ》」は、音は予《よ》、和名は古之《こし》、俗に多く輿の字を用いる。輿は車の底の意味で、人を乗せる部分のことである。『四声字苑』に、「轝とは車輌の付いていない乗りものである」とある。『字彙』には、「両手を平行にして持ち挙げる事を轝という、輿の字と混用するのは間違いである」とある。

「轎《たこし》《キョウ》」は、音は橋《きょう》で、腰輿、版輿、肩輿ともいい、今は兜輿の字を用いる。和名は太古之《たこし》とある。『三才図会』の器用五巻には、「轎輿とは肩にかついで行く乗りものである」とある。『五雑組』には、

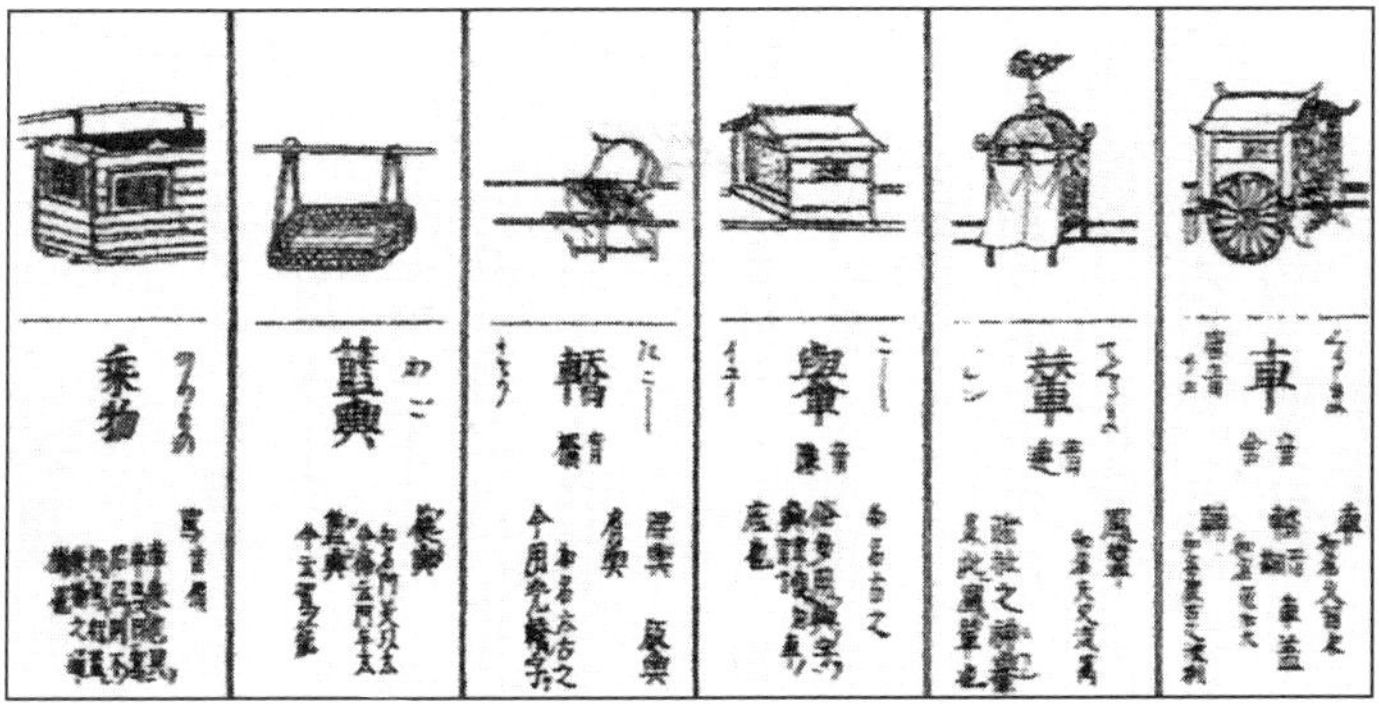

図 19　車駕類（『和漢三才図会』，文献 5）

「唐宋の時代は百官が入朝するのに、皆、馬に乗った。宰相も同様であった。政和の間（一一一一〜一一一八）」に雨雪でぬかるんだので、特に暫くの間、轎に乗ることが許された。大明の時代に京官三品以上のものは、轎に乗ることが許された。その後、馬は便利でないので、小さい肩輿をこれに代えた。近ごろでは、もう馬に乗るものは誰もいない。もっとも馬に乗るのは、馬を傭わなければならないだけでなく、馬をひき、杌《こしかけ》を持つものも傭わねばならず、かえって肩輿より費用がかさむのである。

輿の種類は多様であり、構造やつくりによって細分化され、使用についてはその順位性が設けられていた。田村善次郎氏は輦輿、腰輿、その次に板輿、網代輿、張輿、塗輿の四つをあげている。『輿車図考』では、板輿、網代輿、張輿、小輿が描かれている。また、武家が用いた輿について、『貞丈雑記』には、

> 輿に四品あり。一に板こし、二に網代こし、三にはりこし、四にぬりこし是也。板こしは一段規式を正す時これを用う。其次、はれなるときは網代こし也。其次には張こし也。ぬ

りこしは略儀也。常に之を用う也。

と記しており、使用面から格付けをしている。これらを参考にして、代表的な輿について概要をまとめてみたい。

鳳輦《ほうれん》（鸞輿）

これは天皇の輿で、古代から明治初期まで一二〇〇余年継続して使用された。方形の床基台の四隅に柱を立てて、鴨居を巡らし、方形造の屋蓋を設けて、菅や檳榔を葺いた上を模様の入った綿でおおい、中央の頂に金銅の鳳凰が据えられていることから鳳輦という。『広辞苑』によれば、鳳凰は「古来中国で、麒麟《きりん》・亀・竜と共に四瑞として尊ばれた想像上の瑞鳥。形は前は麒麟、後は鹿、頚は蛇、尾は魚、背は亀、頷《あご》は燕、嘴は鶏に似、五色絢爛《けんらん》、声は五音にあたり、梧桐《ごとう》（あおぎりの異称）に宿り、竹実を食い、醴泉《れいせん》を飲むといい、聖徳の天子の兆として現れると伝え、雄を鳳、雌を凰という」と説明されている。

屋根の形は寄棟、葱花輦と共通で、神輿以外、一般の輿にはない型で、天皇乗輿を象徴する最高の格式を表すものとなっている。屋根の四隅の先端は拳のように巻き上がった形になっており、ここのもとから引綱を垂らして轅にからむが、乗用の際は一本の綱に駕輿丁二〜三人の計一〇人をあてて奉持させ、鳳輦の揺れを防止するのである。

屋形の周囲には幅筋《のすじ》のある紫色の帳《とばり》を垂らし、上部の懸ぎわを布帛で飾る帽額《もこう》を巡らし、背後に大障子、前面に小障子を立てる。基台の下端左右に黒漆塗の轅を取り付け、前後に副轅を加えて、たて五本、横二本とし、これを一二人の駕輿丁が担いで進んだ。また、輿脇には、近衛の多くの従者たちが盛装して扈従《こしょう》している。こうした形態は平安時代中期以来、屋形を綾や錦で飾り、三方に御帳を垂らし、御座の背後に屏障（ささえ）が設けられるなどして、次第に優雅さが増してきた。

その使用は、即位の大典、大嘗祭の御禊《ごけい》、節会（五月五日、九月九日）、朝勤行幸などの晴れの儀式において天皇が乗輿された。

『和漢三才図会』には、「輦《てぐるま》・鳳輦」とあり、『漢書』の注に、人を乗せて行くものを輦という。『通典』には、「夏王朝の末代に輦ができた。殷では胡奴車という。周では輜《し》車という。隋では輦をつくって輪を付けず、人に荷わせた」とあり、中国での変遷を端的に述べている。『四声字苑』に、「轝《こし》とは、車輪の付いていない乗り物である」とあり、『字彙』には、「両手を平行にして持ち上げる車を轝という」とある。中国で帝王の乗り物は車であったことから、車輪はなくても天皇の乗り物に車が入った漢字が残っている事由を紹介している。輦はもともと輓《ひ》く車のことであるが、日本の鳳輦には車がなく、屋台に取り付けた轅を肩で担ぐ形式が定着したのである。

葱花輦・葱華輦（華輿・華輦）

葱《ねぎ》の萌芽をかたどった葱花を寄棟の屋根の頂上に据えた輦である（図20）。葱花は、花が群がり咲

図 20　葱花輦（文献 4）

いて長く散らず、その展開の旺盛さから、開頭《ひらきがしら》ともいわれる。古くから邪気を払うめでたい花と考えられてきた。これを生長の吉祥飾りの瑞形にして、金属で造って棟の頂きや欄干の柱の頂点に付ける擬宝珠《ぎぼし》として用いられている。

　御座の背に屏障が設けられ、四方に低い綿張の屏が付けられている。担ぎ手は一二人、綱持四人で運行し、天皇の臨時や略儀の行事、八省神事、駒牽、伊勢神宮奉幣などに使われていた。また、東宮、皇后、中宮や斎王群行などに利用された。

　『延喜式』に御輿の製作での材料、大きさ、職人の種類と人数が記載されている。その概要は、

御輿一具　長一丈四尺　廣三尺一寸　柱高四尺八寸
　障子四枚　蓋一枚　長桁幷染脚等料二枚　壁代幷
平帖束柱等料歩板二枚　枌《ろく》料簀子木廿六枚　蓋下桟
料川竹十株　蓋料管一圍

熟銅　水銀　銀　滅金　釘料鉄　膠《にかわ》　漆　掃墨　油　伊豫砥　青砥
障子料紫綾　下張料東絁《し》（太く粗い糸で織った絹）　緑料綿　縫料紫糸　生糸　漆絞料帛《はく》　石見綿
調布　緑粘料薄紙　糯米　小麦　焼土　炭
長功三百四十人　木工五十五人　銅百四十七人　鉄七人　漆六十人　画七人　張五人　縫笠二十人　夫三十九人
中功三百九十四人半　工三百五十一人　小半夫三十二人半
短功四百五十三人半　工四百一人半　夫五十人

のようであり、竹木等の素材が一一種、鉱物材料が一一種、繊維一二種、穀物等が五種の計三九種類の原材料を木工・画工など八種の職人一一八八人の総合力で仕上げている。まず、木材で部材と骨格をつくり、要所に銅・鉄を使い、膠で接着、漆塗りで仕上げ、画を描き、紫綾・絹・綿で装飾をほどこし、金・銀での飾りを付けて完成させている過程を読み取ることができる。

腰輿・手輿

前後二人で、腰の辺りで手によって轅を持って運ぶ簡便な輿である（図21）。全身を使って運ぶよ

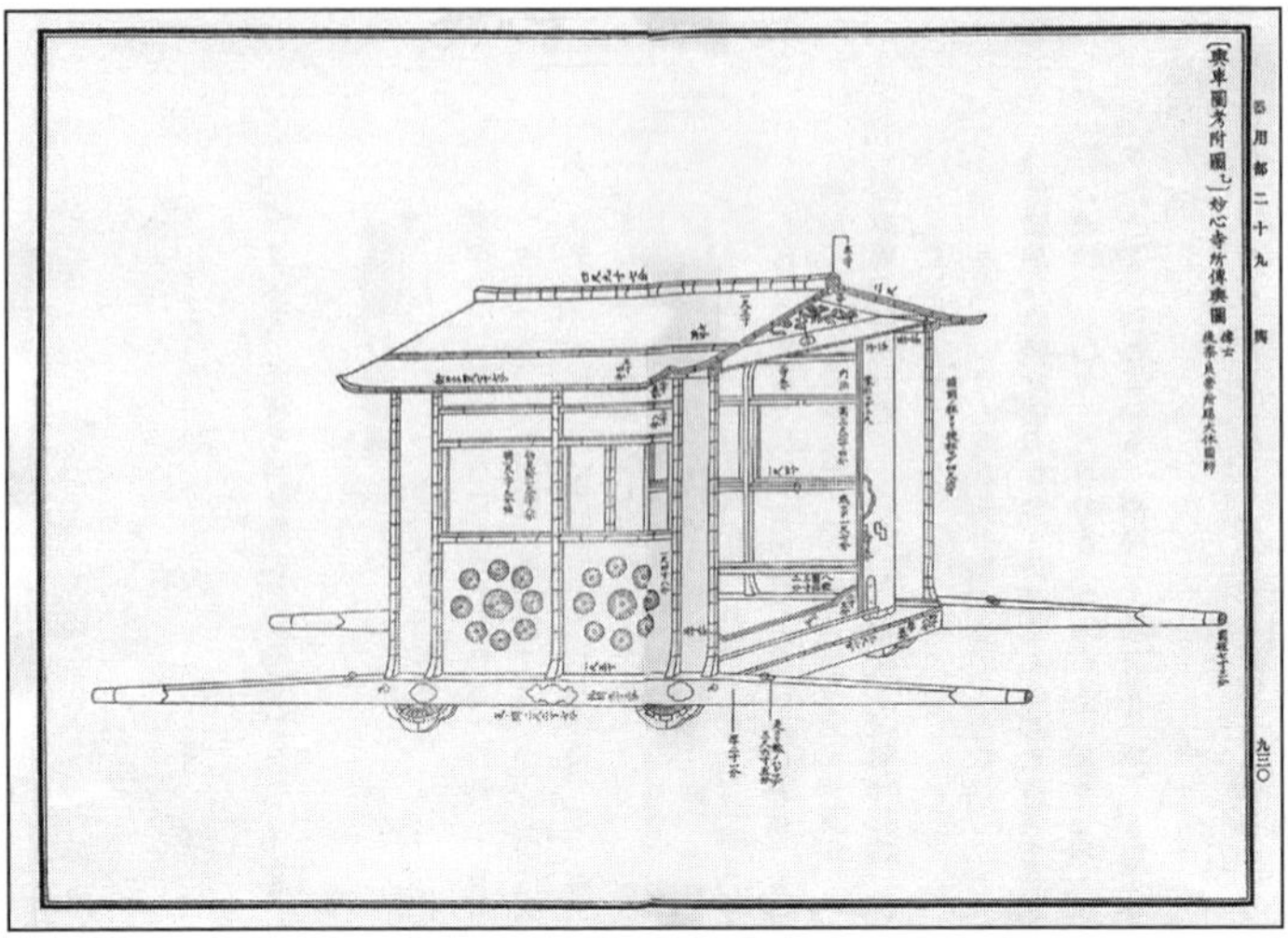

図 21　妙心寺所伝輿図（文献 2）

うにするため、轅に結んだ綱を肩にかけることもある。これは天皇が大嘗祭の御禊の日に、河原の頓宮から乗られたり、宮中内の御方違行幸、内裏炎上や地震等の突発的に、他処への遷御の折に使用された。また、狩に用いる輿でもあった。白木の輿は、主上や親王の旅に利用され、とくに難所では軽装なので鳳輦の代用として使われた。

後には、上皇、王臣、高僧なども使用し、牛車の下位の乗り物とされるようになった。天皇以外の臣下が使用する腰輿の代表的なものには、板輿、網代輿、張輿、塗輿の四種があった。

『延喜式』から腰輿製作の概略をみると、次のようである。

御腰輿一具　桁長一丈四尺　廣二尺九寸　腰高五寸　桁脚料簀子二枚　平帖束柱料歩板一枚　鳥居高欄料桧榑《ひのきふ》

熟銅　滅金　水銀　鉄
漆　掃墨　油　帛《はく》（絹）　石見綿
調布　伊豫砥　青砥　燃土　炭

これでみると木材料三種、金属類四種、漆や繊維等一一種の計一八種類の材料を使って、木工・漆士など二七三人がたずさわっている。腰輿の製作は御輿と比べると、職人数で四分の一、材料の種類で六割強と少なく、簡易なつくりであったことがわかる。

『輿車図考』上之巻に、永正一二年（一五一五）の腰輿修理の内容と費用が記載されている。

御　　蓋　　代　一貫文
　　四方手崎金物釣柄朽損之間可鉄伏歟
葱　　花　　代　三百文　金薄以漆置之
雨　　皮　　代　三貫文　生平絹両面水色　長八尺弘六幅
繧　繝　疊　代　八百文　綿四方二重縁
東京錦御茵　代　二貫五百文
加良美緋組　代　一貫文
油単並張筵　代　八百文

木丸総蕊（四方ニアリ）　代　八百文
金物所々　代　三貫文　檻幷地盤折金物等
柱　四　本　代　五貫文　木口金物アリ。失ハズ黒漆雨儀ニ被用之
呉　　床　代　一貫文　檻木柱八本鉄折金物アリ差網等
物　　塗　代　三貫八百文　折中分
表　裏　莚　代　三百文
已上　十八貫八百文　覆張可被用古物之間不注申

使える古い物は生かしながら、柱・金物・敷物・畳は新品に替えて大幅な修理になっている。金額の高いものは、柱・物塗・金物・雨皮・東京錦茵等であり、いずれも厳選された高品質の材料が使われていたといえる。

板　輿

屋形や左右両側を白木の板で張り、前後に簾を下げた軽装の輿である。木輿・棟立輿・棟上輿・四方輿・屋形輿・車輿などつくりの違いによっていろいろの呼び方がある（図22）。

木輿は漆等の塗りものを用いず白木でつくられている。棟立輿は屋根の棟に反《そ》りがあるものをいい、四方輿は四方に青簾を付けて開放的であり展望がよい。四方の意味については、四方に簾をかけるか

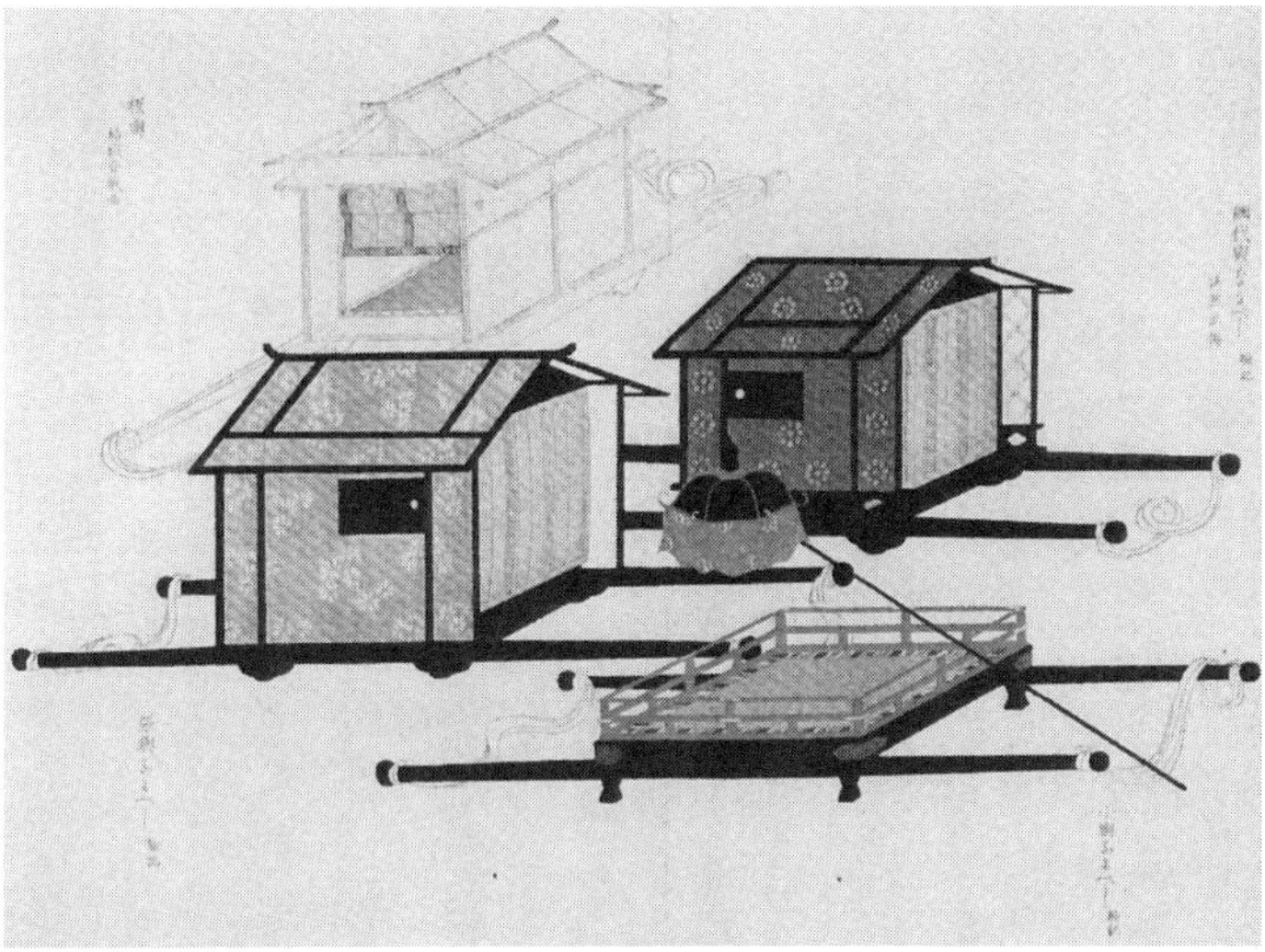

図22　板輿（文献2章4）

ら、屋根の四隅に両眉《りょうび》という山形（僧は山形、俗は庵形を用いた）があるから、四方から乗降できるからなど諸説があるが一定しない。

　これは、上皇・摂政や大臣以下の公卿・高僧などが旅のときに使った。山坂や難所を登るとき、山中の木の枝や土石等のために障げられることがあれば、屋形を取り除いて、小輿のように台だけで通行できる構造のものもあり、これを「板輿」と呼んだ。

『鎌倉年中行事』には、「正月五日の夜、御行《おんなり》始《はじめ》、管領へ御出、恒例也。公方様（足利成氏のこと）御直垂、御紋桐、御輿〈棟立〉力者舁《かき》申也」とある。

　江戸時代には、武士の参内にも用いられ、幕末には天皇も内々の行事に利用されている。

網代輿

屋形の表面を青い竹を薄く細く削って、網代に編んで輿に張り、黒塗りの押縁で留める。この上に色を塗って、文様を描いて高級感を出している。

これは公家が牛車の代用に使ったり、武家の晴れの機会などに使用されたりした。

張　輿

屋形の外を備後畳表で張り包み、割竹の押縁で抑え、この上に布を張って絵を描いて飾りにする場合もあった。力者六〜一二人で運行した。

室町時代には、将軍、大御所（将軍婦人）、女房、管領、評定衆、公家の配流など幅広く使用されている。『吉記』には、文治元年（一一八五）平宗盛が捕らえられて護送されるとき、元弘の乱（一三三一）で俊基中納言が刑されるとき、後醍醐天皇が笠置へ落ちられるときもこの輿を使っていることが『太平記』にある。

塗　輿

漆塗で色をつけないで仕上げた輿である（図23）。古くは木地に春慶塗など素漆を塗っていたが、江戸期には弁柄などを和して溜塗や黄色にすることが多くなった。公家用は庇をつくり、武家・僧侶用は庇なしであった。

図23　塗輿（文献2章20）

皇室での内々の使用、将軍・大名・門跡などに広く利用された。天正時代から公武で多く用いられ、江戸時代には許された大名の元旦登城、公家や武家上層の晴れの日の乗用として用いられた。

『守貞漫稿』には、「一名直輦といい、略物にて平日之を用う。今世この他を用いざるか、今世、幕府大臣、任官の時は京師より摂家及殿上人、江戸に下向、大礼あり。その日の大臣も殿上人も、ともに麗なる漆輿なり。是は京より携えず、幕府より借用と聞けり。又、今世、大名も家格により、右の如き大礼の日、及び毎年正月初登城を見るに、塗輿を用う。総て板の春慶塗也」と、具体的に述べられている。

小　輿

屋形がなく、台座だけの腰輿より小型のつくりで四方とも朱塗の金属打ちの勾欄を巡らしてある。外の運行では、従者が乗者への陽をおおうため、蓋《かさ》を竿で上に釣って持ち歩いた。これは斎王が入京して難波に向かうとき、一月八日の法華八講会の講読師などが用いたことが、『西宮記』に見える。

塵　取

つくりは台座に長柄を付けたもので、小輿と似ているが、素材や加工は粗末で、簡易な手輿である。塵を取る具に、むしろの端に縄をつけて二〜四人で持つものがあるがこれと似ている。病人や捕人を乗せる輿、武士が狩場や戦場で使う機能性の高い軽便な輿である。格の高い輿に行き会ったときは、道はしによけて通るのが通例であったという。『太平記』に、「合戦に痛手を負ひたりける間、馬には乗得ずして、塵取に舁《かか》れて遥《はるか》の跡に来りける云々」とある。また、『乗物考』に、「ちりあくたをのせて運ぶべし。その形簻輿《あおだ》（竹木を編んでつくった輿）に似たる物なるゆえ、ちりとりというべし」と名称の由来を述べている。

女房輿

女房たちが乗る女性用の輿である（図24）。女乗物は男性用に比べて、装飾性に富んでいる。金蒔絵の内外装、夢想窓の紅房、窓面の御簾など女性にふさわしい色彩豊かな飾り、銅具や鋲打ちなどの金具類、図柄があしらわれ、下簾を付けるのを例とし、男乗物の地味な色合いとの違いが明確になっ

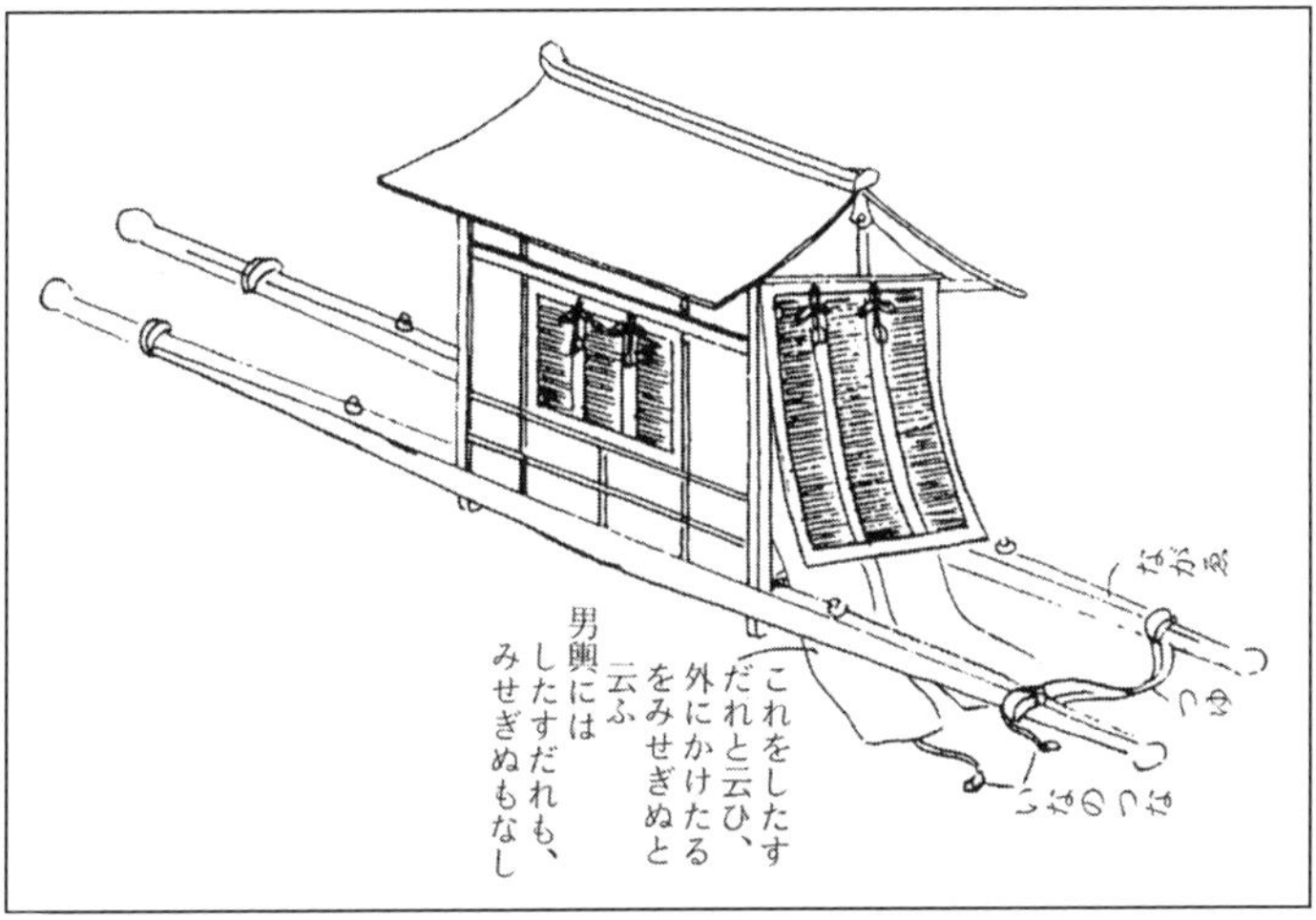
これをしたすだれと云ひ、外にかけたるをみせぎぬと云ふ
男輿にはしたすだれも、みせぎぬもなし

図 24　女房輿（『守貞漫稿』，文献 11）

ていった。

『続視聴草』に、「女房輿とは、今の世も女乗物というがごとく、その製造、いささかたがえるなり。もっとも下簾等あるべし。今京師にて用いられる女轅は、必ず下簾あり。京師の俗に是を車轅などいえり。将軍家出行の至極内々なる故、女轅を用いて供奉をも少略あるなり」と記述している。下簾は生絹に太く横筋を染めて簾の内棟にかくれており、すそが簾の外に出るもので、総長一丈二尺（三六三センチ）あり、高位の女性が乗っている輿の表象となっていた。男輿には下簾はない。こうした輿と出会った下位の人が乗る輿は、道の端に待機して通過を待つのが慣例になっていたという。また、男性がお忍輿として、女房輿を使って湯治等へ出かけることや逃避の場合に使用されることがあった。

大井川での蓮台

「越すに越されぬ大井川」といわれ、大井川の渡河は東海道最大の難所であった。天竜川、富士川や浜名湖の今切渡は渡船で渡ったのに対し、大井川は川越人足による徒《か》渡《ち》りに限定されていた。このため、川越えの方法は、肩車、棒渡し、武家の馬越、蓮台越などであった。

川幅七二〇間（一三七五メートル）で、通常時も三〇間（五四メートル）〜二四〇間（四三二メートル）と変化が大きく、常水位は二尺五寸（七六センチ）とされていた。大井川の特性について、「川水は平生濁りて、波荒く、底は石流れて渡るに悩めり」と、『東海道中膝栗毛』の挿絵の賛に記されている。水量が増して、水位が四尺（一二〇センチ）を越えると馬越留め、四尺五寸（一三五センチ）で徒歩留め、五尺（一五一センチ）で公用御状箱留めとなり、これ以上は川会所の決定で「川止め」にされた。

川越する旅人は、島田か金谷の川越所へ立ち寄って、「川札」を必要な分だけ購入して、これを川越人足に渡して渡流する方式であった。代金はそのときの水位によって決定されていた。二尺五寸の常水位の場合は「六二川文」で、水深が一尺二分五厘増すごとに、二文増額された。ちなみに「九〇川文」に設定された日は水位が四尺二寸五分と高く、徒歩留め寸前に増水しているのである。

旅人は常水位以下であれば川札一枚で肩車で運ばれるが、これ以上になると、「平張り」と呼ばれる補助人足がつくきまりになっており、費用が多くかかる仕組みになっていた。輿や駕籠は、乗ったまま蓮台に乗せて運ぶ蓮台越であった。蓮台には、大高欄、中高欄、半高欄、平蓮台があった。大高欄は貴人や大名に用いる高級仕様で黒漆の台に朱塗りの高い欄干を四方に巡らし、大きさは幅三尺五寸（一〇六センチ）長さ五尺（一五二センチ）くらいである。輿や駕籠の担ぎ棒を木綿で蓮台へしっかりとくくりつけて、黒塗りの長さ三間（五・四メートル）ほどの井の字型の担ぎ棒を、一六〜二四人の川越人足が担ぎ、前後左右に水切り人足八人を付け、先頭には先導・瀬踏み人足と大名の定紋が入った旗を掲げて、「ヨイトヨイト」などという勇ましい掛け声を出しながら、調子をとって勇ましく押し渡ったという。大名のなかには自家用の蓮台を特注して持参し、宿場に預けている藩もあった。熊本藩五四万石の細川侯の越し立ては、「御駕籠と一緒に、御傍役が二人、大高欄の上に立つとともに、白襦袢に脇差を背にした水練の士が抜き手を切って先導する」という勇壮なもので評判だったという。

中高欄は大高欄をやや小規模にしたもので、身分の高い人が用い、台は黒漆で、朱塗りの欄を巡らしてある。普通は川越人足八人で担ぎ、それに上手張・下手張という川越が一人ずつ付いた。半高欄は形は前者とほぼ同じで、欄は紅柄塗《べんがらぬり》（黄味を帯びた酸化第二鉄を主成分とする赤色顔料）の板が付けてあり、人足八人を要した。平蓮台は庶民が用いたもので、幅二尺五寸（七六センチ）、長さ一間（一・八メートル）ばかりの白木で造った梯子状のもので、下に板はなく、尻の下と足のところに五本ほどの横木が渡してあるだけである。一人乗るときは川越人足四人で担ぎ、二人乗るときは六人で担いだ。

大井川には蓮台五〇〇挺を備え、そのうち二五〇挺を公用に、二五〇挺を庶民の往来用にしていた。

川越人足は元禄期は三五〇人、天保期に四八二人、幕末には六五〇人と次第に増加している。架橋はもちろん、船渡しも禁止され、人担による歩行渡し・蓮台渡しに限られた大井川渡河は、日本の動脈である東海道の独特の風物になっていた。これは通行障害ではあったが、一方で、大井川両岸の金谷宿、島田宿の繁栄、川越人足の雇用には貢献していた。明治三年、歩行越が廃止になって船渡しが許可になり、同六年には冬の渇水期だけ仮橋が設けられ、同九年には本格的な木橋が完成した。川越人足の失業、宿屋、料理屋をはじめ、宿場町、河川環境全体が大きく変貌したのである。

二　輿の備品と通行

輿通行での雨天時に対する防滴具の備えは、輿を覆う雨皮《あまかわ》、筵、これらを留める綱である。雨皮は薄青に染めたうえから油を引いた絹の練地の表地と白の生絹地による裏地の袷物《あわせもの》である（図25）。しかし、その後、油を引かず、表裏ともに薄青の練地の袷物になったという。

輦輿の雨皮を装着する順序を要約すると、次のようである。

①輦輿の屋形のまわりに、廻雨皮（一二幅の生地を横に並べて接ぎ合わせて横長に仕立てたもの）を引き回す。

②覆筵二枚を、鳳凰（葱花）を挟むように重ね合わせてかけ、竹製の針で固定する。

『世俗浅深秘抄』『雨皮秘抄』Aをもとに輦輿に雨皮を懸けた様子を復元してみた.
上段　通常，晴天時の鳳輦．中段　鳳輦に覆筵・覆雨皮・廻雨皮を懸けた状態（覆筵は覆雨皮に隠れて見えない）．下段　これに懸綱と腰綱を懸けた状態．ただし，中・下段は屋蓋簷下四隅の綱と副轅（そえながえ）は画面が煩雑となるので省略した．

図 25　輦輿の雨皮復元図（佐多芳彦氏試案．文献 7）

③覆筵に重ねて、屋蓋を雨皮で包む。
④雨皮で覆った屋蓋の上に綱をかけ、轅の金輪に結びつける。
⑤風雨の強い場合は横に腰綱をかける。

これは天皇乗御前の雨皮奉仕の次第であるが、天皇乗御後の途中で雨に遭遇した場合は、天皇と皇位の象徴である剣璽が輦輿の中にあることから特別の配慮がなされる。手順は前述の②→③→④→①→⑤となり、剣璽玉使をつとめる近衛次将が御輿長とともに自ら雨皮奉仕にあたることになっていた。これは天皇への畏敬のあらわれといえよう。

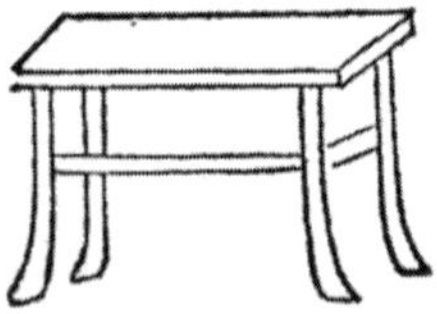

図26　搨（しじ）＝輿台
（『貞丈雑記』，文献 2）

腰輿の場合も、轅に雨皮付きの金輪が設けられていることから、雨皮を使用していた。しかし、輦輿の場合よりも雨皮（油単）の材料や使い方は簡素になっていた。また、「たて莚《むしろ》」といって、畳表からへりを取ったものを、輿に入れておき、急な雨のときに引き出して、簾の外にかけて風雨を防いだ。あるいは、少しのにわか雨の場合は、御供衆が笠や傘をさしかけることもあったという。

輿は屋形と轅が一体型になっており、これに帷裳や簾を取り付け、座るところに畳と茵《しとね》（蒲団）を敷くのである。乗降は、牛車では後ろから乗って前から降りるのに対し、輿は「前より乗りて、前より降りる」のを慣例としたことが『貞丈雑記』に記されている。そして、途中で休憩したり、保管するときに輿の長柄の下に置かれる「御輿台」が備品として準備されている。これは「まな板のごとくにして四足あり。榻《しじ》というなり」と説明があり、牛車の轅《ながえ》の支えにも使われたものである（図26）。

輿の通行時の慣例として、「行き合い」について『武雄記』に次のように記されている。「路次において、輿に行き合ひ申し候はば、右へ打ち退き、左を通し申すべし。但し、道悪く候はば、路次のよきかたを通し申すべし。帷裳《いしょう》かかり候はば、打ちのけて下馬あるべし」とあり、行き合った場合は右側通行ですれ違ったことがわかる。道端によけて待機するのは、乗っている人の身分・格の低い方がよけて留まっているのが慣例であったといえよう。

三　輿の所蔵

駕籠はまだ相当の数が現存しているので、身近なところで観察できるが、輿はきわめて少ないので特別の場合にしかお目にはかかれない。さいわい、二〇〇八年一二月一九日に江戸東京博物館開館一五周年記念「珠玉《たま》の輿」の特別展で二挺の輿を観覧することができた。一つは津山藩（岡山県）松平家所用輿（津山郷土博物館蔵）である。江戸時代に輿が認められたのは、御三家御三卿、御連枝、庶流、越前家の松平氏など三五藩のみであった。津山藩一〇万石は松平氏八家の一つとして認められ、大礼儀式、江戸元旦登城、将軍家の菩提寺参詣などの特別の場合に藩主が乗用していた。輿は漆塗りのシンプルな外観で、浅い切り妻で棟と反りがある四隅の角が少しあがった屋根、両側に長物見があり、前方は簾で、両側の柱に乗るときに握れる手形の穴が設けられている。板材の随所に葵紋の金具がほどこされており、轅は先細の硬い材質で雨皮《あまかわ》や綱を結ぶ金輪が四つ付けられている。相当大型の塗輿なので前後を四〜六人で持ったと思われる。あと一挺は、宮内庁京都事務所が、京都御所で保管しているものである。「轅輿《えんよ》」の名称が付されていた。屋根の形や造りは津山の輿とよく似ており、シンプルだが気品あふれる雰囲気をかもし出している。詳細は第1章二の「和宮降嫁」の項を参照していただければ幸いである。あと資料が得られるのは、輿車類で唯一、国の重要文化財に指定されている「白輿《しらごし》」である。山梨県の常説寺が所蔵する鎌倉時代の板輿で棟までの総高は一〇二センチ、屋形の間口八九センチ、奥行九五センチ、轅の長さ三四八センチと小型である。『山梨県史文化財編』の記述を中心に輿の特色をみると、屋蓋は切妻造りの板張り屋根で、斜面は棟から九本の棟に分けた木組の格子が打たれている。そして、軒にはゆるやかな反りを持たせている。

屋形正面は妻入りで、前方は開放され簾をつけて乗降口となっている。その下部の前板中央に猪目《いのめ》（猪の目に似たハート形の刳形《くりかた》）があり、これは使用時に簾《みす》を垂下した際、猪目穴に紐が結ばれてその揺れを防ぐものである。また、正面柱の左右に刳形を透かした手形《てかけ》付き方立を立てる。この手形は木《もっ》瓜《こう》を半截した形状で、乗降を容易にするものである。屋形の両側と背面の三方は板張りで、側面上方には短物見が設けられ、この小窓には板製の引戸が装置されている。内部の着座の床は、板を張った簀の子床で、使用時には畳と蒲団が敷かれる。床の両側中央に板蟇股状をした止板を貫通する手摺りが設けてある。この輿は簡素な構造であるが、使用材料は檜・栂材の糸柾《いとまさ》の良質材を用い、製作の入念な技法とともに白木の肌の持つ美しさをよく生かしていることから「白輿」と名付けられている。

寺伝によれば、承久三年（一二二一）に起こった承久の乱後、佐渡に配流された順徳上皇は、甲斐御嶽金桜神社に祈願の奉幣使を御差遣になり、幣帛を捧げられたが、奉送の輿は寺内の萩堂に納められることになった。これ以後山号を順徳山と称すると伝えている。順徳上皇奉幣に用いられたとすれば、この輿は鎌倉時代に遡る遺品である。白輿の細部に見られる特徴をまとめると、「正方形に近い比率の屋形妻側の形状、屋だるみを持つ格子打ち切妻の流れ、短い軒の出、ゆるやかな軒反り前板にあけられた猪目、方立に付けた手形、屋根裏の面取り竿縁、妻飾り間斗束の斗の形状」などはいずれも古式の様式手法によっており、工芸的にも優れた技法と造型を示す代表的な輿として注目できる。

奈良県の十津川村歴史民俗資料館に、「天上輿」が修復を終えて展示されている。これを担当した雨森久晃氏（元興寺文化財研究所）の「乗物の修復」を中心にこの輿を紹介したい。天上輿は近くの玉置《たまき》神社に保管されていたもので、京都の聖護院門跡が「峰入り」の際に使用されたという。聖護院は本山修験宗の大本山で、門跡の峰入は歴代門跡が一世一度の行事として、多くの修行者を率いて、吉野、熊野への奥駈を盛大に行うのである。江戸時代には、将軍上洛、朝鮮通信使来朝の行列とともに、「都の三壮観」として、艶やかな行事の代表といわれていた。

聖護院門跡の輿を中心とした行列の構成をみると、先頭は一六人の役山伏と一〇人の八管山伏で、次には貝・御笈・御閼伽桶・持貝などの御法具を持った一六人が続き、輿の前には一〇人の三井寺中方が輿を先導し、その後方から御小斧を先頭にした備前児島の公卿によって四方を固められた一二人の駕輿丁に担がれた四方輿が進む。輿の後に従うのは、三室戸寺、箕面山などの末寺衆、先達の子供からなる稚児衆、御長刀、御沓、御傘、退紅、富士村山の行人、御所方御送衆と続く行列となっている。

京都を出発し、吉野から熊野まで七五の靡《なびき》（行場）で行《ぎょう》を行い、熊野本宮に参詣して帰京する五五日の行程であった。天上輿が使用された玉置神社（玉置山）は、七五靡のうちの一〇番目に当たり、熊野三山の奥の院と称されるところである。聖護院門跡はこの玉置山に宿泊して、翌日熊野本宮に参詣した。天上輿は門跡が玉置山に宿泊するときの送迎用としてのみ使用されたと伝えられている。現在は、玉置神社になっているが、元は聖護院末の高牟婁院法王寺があり、古くから歴代門跡の峰入の折に訪れたところである。

天上輿は檜材の板輿で屋形は幅一一三センチ、高さ一五三センチ、轅の長さ四〇四センチである。屋蓋は切妻造、板張り屋根で、傾斜は少なく、やや反りがあり、軒の四隅にははねがあり、ゆるやかな反りを持たせている。屋形の前後は二枚が中央外に開く扉が、四カ所ずつの蝶番で留められ、真ん中に扉の掛け金具が設けられている。両側には長物見があり、板製の引戸が下部に付けられて、窓を閉めることができるようになっている。そして、菊の御紋の金具が二つ付けられている。内部の着座の床は、板を透かして張った五枚の簀の子床で、使用時には畳が敷かれ、座蒲団が入れられる。この輿は簡素な構造であるが、使用材料は檜の良質材が使われ、要所に金具が打たれて入念に製作されており、門跡など高貴な人の乗輿にふさわしい品格のある輿といえよう。

また、東京国立博物館には輿が五挺と、輿の関連備品が一〇点ほど所蔵されている。鳳輦は安政二年（一八五五）一一月再建なった紫宸殿・清涼殿へ孝明天皇が還幸されたときの御料で、木製高さ二二七・三センチ、蓋幅二〇〇センチと大型である。この備品として御帷《い》（幕）三帖、御座帊《は》（三はばの布）、御承足（足踏台）一基、御簾一枚、赤綱・紅絹巻製四条、長さ七八七・八センチ、雨皮一具二枚が残っており、鳳輦を飾っていた品々がほぼ揃っている。葱華輦は頂上に金銅葱華を付け、高さ二二七・三センチ、蓋方一八四・八センチと大きく、呉床、御簾、御茵《いん》（しきもの）、御帷、御座帊等が附属している。

腰輿は安政二年の新嘗祭に用いられたもので、屋根が方形で四方輿の造りの木製で儀式にふさわしい格調が感じられ、総高一六九・七センチ、幅一〇六・一センチと小ぶりである。有栖川熾仁親王御乗用と伝えられる檜製の板輿が有栖川家から寄贈されている。大きさは長さ一二四・二センチ、幅九六・九センチ、高さ一三九・四センチと小型である。あと一挺は水戸系の秋田藩主佐竹左京大夫所用の江戸時代の板輿である。写真で見ると全体の姿は津山藩の板輿と似ており、栗色塗である。大きさは長さ一三七・八センチ、幅一〇七・六センチ、高さ一五四・五センチと小ぶりである。奈良や京都の国立博物館には輿の所蔵がないので、東京国立博物館は輿の宝庫の感がする。

第3章

輿の使用実態

人間は二本足で歩く動物である。移動は歩くことが基本であるが、何らかの事由で移動が困難になった人が出たときに、その人を「背負う」「だく」などの方法や乗用具が工夫された。病人や負傷者などの運搬は戸板、もっこ、あんだ、担架などの素朴な道具が使われたに違いない。

また、自分たちが最も崇拝する大王などの指導者を祭祀などで登場させる移動手段として、高く揚げて運ぶ輿が用いられるようになったと考えられる。こうした風習は現在も世界各地の原初的な部族の祭礼などで見られるところがある。輿の形態は指導者や神を、多くの力者・駕輿丁が肩で担いで高く揚げて進み、見物する多くの人たちによくわかるようになっている。諸外国では輿に乗る人は外からよく見えるようにするのが基本であるが、日本では屋形の四方を簾などでおおって、内部が見えないようにしてあり、崇拝する人の姿は民衆にさらさないことが基本になっていた。こうした考え方は古代から明治初期まで続く、日本文化の特性の一つである。

一　天皇

輿の使用について『輿車図考』では、

天子の至尊におはしませば、車には乗御せず、また、輿はことに重くせらるるものにて、天子のほかには皇后と斎王とに限れり。

とあるように、輿は天皇、皇后、斎宮のみが用いることのできる特別の乗用具であった。天皇は古代から明治初期までは一貫して輿であり、牛車を使うことはなかった。朝賀や節会行幸などの盛儀には鳳輦、神事などには葱花輦、そして、略式のところでは腰輿が使用された。しかし、平安時代中期になると、御輿の用法に混乱が見え始め、何かにつけて鳳輦を用いる傾向が強くなった。職員令によって、職務を担当する主殿寮では、慣例によって施行する方針に対して、天皇を取り巻く公卿たちは、格の高い鳳輦の使用を主張して対立が生じることがあった。このため、臨時行幸において御輿の用い方が一定しないようになった。とくに、権力のあった藤原道長の在任中には、私第への行幸に鳳輦供御を強行することもあった。

天皇の乗り物に変化が起こったのは、文明開化が推進された明治四年（一八七一）に洋式馬車が採用されたことが緒端であった。そして、汽車には明治五年（一八七二）の新橋―横浜間で乗車され、自動車は大正一三年（一九一四）に始まり、飛行機は昭和二九年から利用されるようになり、機械文明の進歩を導入するかたちになってきた。

行幸の成立

律令制以後の行幸は天皇・王権の移動である。これは天皇本人とともに、王権を象徴する内印、駅鈴、契は皇権を発動するに欠かせない重要な器物である。したがって、移動時にはこれらを従駕するのが原則であった。このうち、複数存在する鈴と契は、留守官で監理することもあったが、唯一の内印・天皇の御璽だけは従駕が当然とされた。しかし、制度上は行幸に携行されるべき内印が、現実には留守官のもとに残されることもあったという。

大王の「ミユキ」と奈良時代の行幸

大化前代の大王の「ミユキ」については、『古事記』、『日本書紀』の記述や『万葉集』の歌謡からうかがえる各地の国見、国誉め、巡視や地名起源説話として伝えられていることからすると、大王の存在支配や権力誇示の意味にもなっていたと考えられる。この時期の行幸は大和地域を中心として、畿内で行われている。

この時代は各種の行幸が頻繁に行われた。とくに、京外の離宮である摂津の小郡・大郡・味経《あじふ》、大和の川原・小墾田・板蓋・岡本・両槻・吉野・島などがあり、持統天皇の吉野宮行幸はとくに多く三一回を数えている。この目的については、遊覧説や回想説、ミソギの道などがあるが、まだ定説には至っていない。これだけ回数が多いのは、天武政権の原点と関わることがあったに違いない。

吉野行幸の行列をさぐるものに、「官衛令車駕出入条集解古記」の中に、「左右京職列道、次隼人司、衛門府、次左衛士府、次図書寮。如レ此諸司当次図耳。至二羅城之外一、倭国列レ道、京職停止也」の記載がある。これによれば、平城京から吉野宮への行幸は、平城京内では、先頭をここの監察官である左右京職が固め、次いで武官で警備を担当する隼人司、衛門府、衛士が続き、次に筆記具や地図を携えた図書寮の官司という行列編成になっている。吉野への行列が平城京の朱雀大路を南下し、羅城門に到着すると京職が先導をやめ、かわって倭国司が先頭を行くのである。これは羅城門内までが京職の管轄下であり、門外が倭国であることに対応したものである。行列通過地域の国司が責任を持って行列を安全に先導する任務を負っていたのである。

さらに、職員令には、左右衛士府、左右兵衛府、内舎人が行列に従い、天皇の鳳輦の前後を固めて警固していたことがわかる。以上から吉野行幸の鹵簿は大変簡素な構成の行列であったといえる。これに従駕した柿本人麻呂は、「山川もよりて奉れる神ながら　たぎつ河内に舟出せすかも」(『万葉集』第一　三六―三九)と歌い、高殿での国見、山の御調、川の大御食などの奉仕などを伝えて吉野をたたえている。

遠方の行幸では、幸徳天皇の有間温湯、斉明天皇の紀の温湯や近江の行幸がある。さらに、六六三年の白村江の戦いでの新羅出兵に際して、天皇は海路で備後の大伯《おおく》海、伊予の熱田津《にきたつ》石湯、筑前の撫《な》大津に至り、やがて朝倉宮に帰っている。天武天皇は信濃の束間温湯へ、持統天皇は紀伊・伊勢への行幸があったが、このときには沿道の近江、美濃、尾張、参河、遠江の諸国から、騎士、荷丁、造行官の仕丁が徴発された。大宝元年（七〇一）には、文武天皇の紀伊武漏温泉への行幸、翌年の持統太上天皇の参河行幸の際には、伊賀、伊勢、美濃、尾張の五国に行宮が設けられた。また、養老元年（七一七）には、元明天皇が淡海《あわうみ》（琵琶湖）を観光してから美濃に行幸して美泉（養老の滝）を見物して平城京に帰っている。そして、各地の行在所では、国司がそれぞれの国の歌舞や雑伎を奏したという。

聖武天皇は神亀元年（七二四）に紀伊、同三年に播磨の印南野《いなみの》、天平一二年（七四〇）には伊勢に、称徳天皇は神護元年（七六五）に紀伊に行幸した。このときの従駕の編成は『続日本紀』によると次のようであった。

御前次第司長官	正三位諱（白壁王、後の光仁天皇）
同次官	従五位下多治比乙麻呂
御後次第司長官	正四位下中臣清麻呂
同次官	従五位下藤原小黒麻呂

以上、各判官二人、主典二人

御前騎兵将軍　正四位下藤原縄麻呂
同副将軍　従五位上阿部毛人
御後騎兵将軍　従三位百済王敬福
同副将軍　従五位下大蔵麻呂
以上、軍監三人、軍曹三人

「檀山陵を過ぎた時、陪従百官に詔して、悉く下馬せしめ、儀衛はその旗幡《きし》を巻く」とある。天皇の乗輿を囲む行幸の行列が、正三位から従五位の高官を含む百官の数百人に及ぶ陪従を従える大掛かりなものであったことがうかがえる。

奈良時代の行幸は観光、保養が主な目的であったが、陪従者への叙位、租庸調免除、大赦が行われた。また、経路、路傍の百姓の困窮者への賑恤《しんじゅつ》、長老への賜物が行われた。さらに、在地豪族が百姓を率いて供奉し、それに対して天皇は宣命を述べて、叙位、賜録が行われている。このため、式部省の官人が従駕してこの儀式を担当したのである。これは天皇が在地の豪族に対峙して、その土地の奉仕を見届け、その服属を確認するという意味があったと考えられる。

奈良時代の後半は遠行が次第に減少し、京内の主として臣下の邸第や寺社への行幸が増加している。ここは京職の管轄で、いわば「天皇の地」であるから、京外のように奉仕する豪族はいない。臣下邸第では、宴が催され、邸第の主とその室、子息、さらに親族らへの叙位、行幸に従った官人らへの賜禄が行われた。

公式の宮内での節会や臨時の宴は、天皇と五位以上の官人貴族集団の共同飲食の場であり、参会者相互の人格的交流と結合の場であった。臣下邸第への行幸は、天皇と特定の臣下（邸第主）および従駕した人々の身内の官人貴族集団の人格的結合を図るとともに、特定の臣下を厚遇する機会であり、政治的もしくは社会的立場の相互確認の場になっていたといえる。これはいわば寵臣らと天皇が個別的な関係を強化し、宮内ではなし得ない一面をつくり出していた。臣下邸第への行幸は王権の結集と官僚制維持にとって、宮内での宴を補完する貴重な機会としての意義があったと考えられる。

平安時代の行幸

平安時代初期の行幸は、京中の神泉苑（平城京から移設した庭園施設）や臣下邸宅、京近郊の大原野葛野《かどの》などへの遊猟が中心で、全体として少なくなっている。そして、やがて、朝覲行幸、御禊行幸が出現する。橋本義則「古代御輿考」によると、「鳳輦、葱花輦と腰輿の使用区分は九世紀前半に成立し、一〇世紀に確立した」とまとめている（1章表2）。

桓武朝以降、遊猟などの機会に天皇に接近をはかろうとした諸氏族（藤原南家、百済王氏、紀氏ら）によって、私富でもてなす奉献が行われ、その場における人的結合を深める効果をもたらしたと考えられる。京内の臣下邸第への行幸はしばしば行われる。例えば弘仁五年（八一四）、藤原冬嗣の閑院への行幸の場合、詩宴が催され、天皇も翰を染め、群臣も詩を献じたという。そしてこのとき、冬嗣は正四位下から二階級昇進して従三位に任ぜられるとともに、五位以上に衣被の支給も行われ、奈良時代と同様の様相であった。

新しいものに朝覲行幸がある。これは正月二日もしくは三日に、天皇が太上天皇や皇太后のもとへ年始の拝賀に出向く行幸で、大同四年（八〇九）の嵯峨天皇が初見である。奈良時代は天皇と太上天皇・皇太后は平城宮内で同居していた。そして、天皇と太上天皇が同等の権限であった。このため行幸も「諸司及び宿衛兵」を従えた同じような構成であった。このような形態に変革を起こしたのは薬子の変において、平城上皇が寵愛していた藤原薬子らと重祚（退位した天皇が再び即位すること）を企て、平城上皇側が敗北し、嵯峨天皇が勝利をおさめたことである。これによって、天皇が太上天皇の権力を否定し、天皇の唯一絶対化を確立した。そして、住居は平安宮内に天皇、宮外に上皇とする両者の空間的位置付けを明確化する契機となったと考えられる。そして、嵯峨天皇は弘仁一四年（八二三）、譲位に先立って平安京を退出して、冷然院へ移った。以後この様式は引き継がれ、行幸の形態にも変化が起きている。

嵯峨天皇が譲位後、初めて嵯峨荘へ出向いたとき、『日本紀略』によれば、嵯峨上皇は騎馬によって出発している。つまり、天皇の輿、仗衛の行列とは隔絶した形態をとったのである。平城上皇までは天皇と同様かそれに近い行列構成であったのに対し、嵯峨上皇以降は違いが明確になった。天皇の行列の絶対化の定着といえる。以上のような経過があって、上皇御所が再現し、朝覲行幸が誕生したのである。

『続日本後記』によって、天長一一年（八三四）の場合をみると、「仁明天皇は淳和太上天皇を淳和院に朝観した。太上天皇は逢迎し、各々中庭で拝舞し、共に昇殿して、群臣に酒を賜う。兼ねて音楽を奏し、左右近衛府吏に舞を奏す。これが終わって、太上天皇は鷹と鷂（ハシタカ）各二、聯嗅鳥犬四牙を天皇に献じた。天皇は宮へ還ることをのぞまれ、自ら殿を降りた。太上天皇は天皇を送って南屏下に到った」とある。これをみると、上皇は天皇を送迎したり、鷹を献ずるなど天皇に臣従している面とともに、両者ともに中庭で拝舞し、共に昇殿するといった対等に近い関係がうかがえる。これは正月の朝覲行幸の初見の場面であり、初期の形態が残っている。その後の嘉祥三年（八五〇）、仁明天皇が母を冷惣院へ朝覲したときは、天皇は階下に北面して跪いている。つまり、最高の君主である天皇より、太皇太后のほうが上位になっている。ここでは、律令制の秩序ではなく、儒教に基づく孝養の秩序で親が優先されているのである。

上皇は宮内に入って、天皇を訪問することははばかられた。それは上皇が内侍所（神器）と同座することになるからであり、内裏は唯一の絶対権力者である天皇の居所に限定されていたのである。しかし、天皇と太上天皇・皇太后との人格的結合を図ることは不可欠であり、このために天皇が群臣を率いて上皇御所を訪れ、宴や賜禄などを通して相互関係を深めたのである。朝覲行幸が天皇の父母らへの孝養の場として重視され、年中行事化されて継続した理由を読み取ることができる。

『年中行事絵巻』（図27）には、応保三年（一一六三）の二条天皇が後白河上皇の御所である法住寺殿《との》へ向かう様子が描かれているといわれている。絵巻の冒頭は、天皇が紫宸殿の南面・額の間に、黄櫨《こうろ》

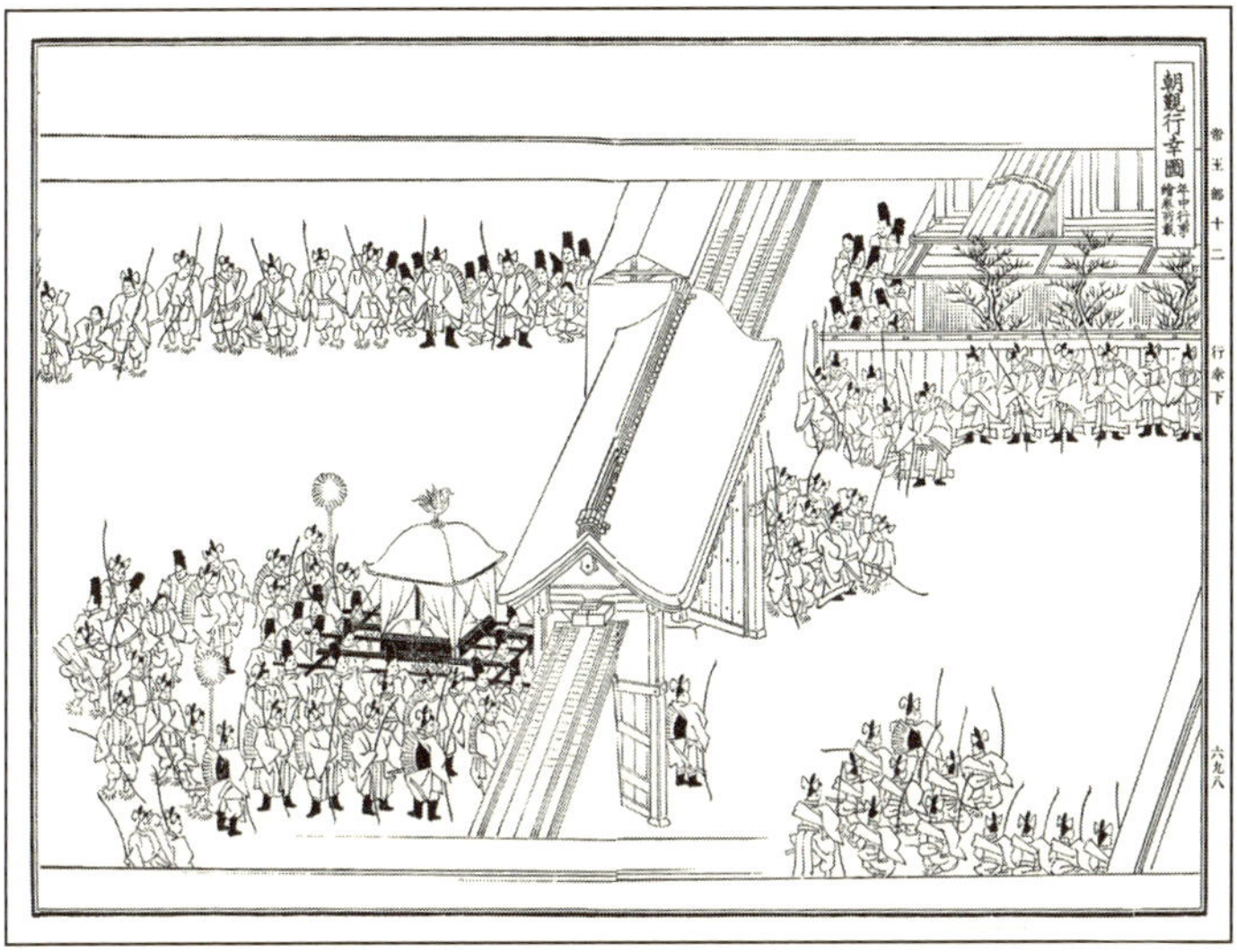

図 27　朝覲行幸（『年中行事絵巻』，文献 2）

染袍《せんほう》を着用して出御され、左手に摂政が正装してひかえ、左右に剣璽を奉持する女官を従えている。

階《きざはし》の下には、天皇の乗り物である鳳輦が寄せられている。多くの駕輿丁が赤い狩衣姿でこれを担ぎ、その周囲を近衛の武官が取り巻いている。庭内には供奉の公卿たちが束帯姿で列立している。整然とした静けさと威厳を感じさせる画面である。朝覲行幸の行列は、内裏の建礼門から大内裏の待賢門を通って市中の道へ出る。門前では武官たちが行列の先陣の隊形を整えようとするが、人と馬がごった返して喧噪《けんそう》のていであり、隊列はなかなかまとまらず苦労する様相が描かれている。何とか行列の体裁を整えて洛中の大路を通って、東山の上皇の御所へ向かう。この行列は先陣に左衛門や兵衛府の武官が並び、次に天皇の乗る鳳輦が多くの駕輿丁に担がれ、両側を近衛の武官に囲まれ、行列の威儀を飾る翳《かさし》を赤衣の仕丁によって高々と掲げながら進む。そして、後陣には多くの公卿が随身の人たちとともに供奉するという美々しい正月恒例の行列である。これを見ようと町屋の前には多くの人々がひしめき、屋内からのぞいたり、乗ってきた牛車を道端に並べてその中から見物したりしている。朝廷の行事では、民衆がやんごとなき方々の姿を間近に見られる貴重な機会となっていた。

新しい天皇が誕生する過程では、重要なさまざまな儀式が行われ、天皇が乗輿する機会が増える。伊勢の太神宮に即位の由を奉告するため、新天皇は腰輿で建礼門に出御し、幄の座に着かれる。そこへ、中臣らが入り、また上卿が幄に進んで宣命を使者に給わる。使等が待賢門を出た後、主上は還御される。皇祖神を祀る伊勢神宮を重視して、即位由奉幣使を送るのである。そして、即位式を挙行し、全国の諸神に奉幣する。

一一日の大嘗祭に先立って、一〇月上旬を卜《ぼく》して、新帝が禊をするために、河原頓宮への大規模な御禊行幸が行われる。このため、九月中旬に装束司を設けて、行幸の準備を始め、日時と場所を神祇官と陰陽寮に亀卜と筮占で選定させる。そして、行列を監督する前後次第司を設置して、式場の設営と、山城の国司・郡司とともに行幸の経路を決定するのである。

当日は、検非違使がまず当路を巡検する。行列は内裏の南門・建礼門から進発する。大臣、少納言、外記らが門前に立ち、諸司・諸衛が整列する。開始時刻になると、動鼓を打ち、次に列陣鼓を打ち、さらに進鼓が打たれると、節旗が立てられる。すると、天皇が紫宸殿を下りて、鳳輦に乗り、鹵簿

（隊列）が動き始める。

先頭は左右京職の兵士各二〇人、手に杖を持って先駆払いをして進む。次には、東西市司、神祇官、主礼、次第司判官と続く。市司、京職は、京坊の監察官なので、京極大路に差しかかると、山城国郡司と交代する。神祇官は路次の神社に幣を奉じて、路傍の神々を祭っていく。これは土地神に道を借りて進み、国境を通過するときは神祇官が境祭を行うのが、天皇の行列進行の状況である。次に、礼儀、民政、人事に関わる宮司の一団が続く。その後は武官で、衛士二〇〇人、門部六〇人、隊旗、兵器（大刀、弓、矢など）をたずさえた士、そして、次第司、御前長官が行って前駆が終わる。

いよいよ本隊に入り、まず陰陽寮が漏刻器（時計）を囲んで進む。次に、鼓吹司が門前に立てられていた節旗と鉦鼓を運び、少納言や外記が続く。次いで、中務省、左右馬寮が行き、鑰《やく》（鍵）と鈴を載せた馬が続く。さらに、少納言、皇太子が「御剣櫃」とともに進む。これらは先帝から継承した皇位を象徴する宝器である。その後には、親王以下参議以上の乗った騎馬が続き、騎陣、歩陣とともに近衛の一団の次に、いよいよ天皇の乗輿が登場する。天皇大権とその権力を飾る品々を中心に本隊が編成されているのである。先鋒が輦路を払い、官人が民意を拾い、武官が威儀を示す上に、天皇が君臨する国家権力の壮大さと神聖さが、沿道に居並ぶ人々に感じられたに違いない。

多くの近衛や大官人・駕輿丁に担がれた華麗な行列が行くと、後陣に入る。まずは、絹で織った長柄の傘「繖《きぬがさ》」を捧げ、次に王の六飲の一つである「漿《しょう》（米を煮た汁）」などを携えた女官や内侍が続く。さらに、天皇が河原頓で乗り替える腰輿を囲む近衛の陣が行き、その後に胡床、水樽、松明、御酒などの種々の調度品を捧げて蔵人、主殿寮、掃部寮の内廷官人らが進む。次に、女孺、采女、御厠人、洗人などの下級女官、図書、和琴、御硯が続き、韓櫃が内蔵寮、蔵人所、縫殿寮の官人とともに行き、これらを護送する右兵衛、次第司の一団が追う。

末尾に、内廷官司である大舎人寮、図書寮、内匠寮、内薬司、宮内省、大炊寮、造酒司、采女司らが行き、木工寮、兵庫寮、雅楽寮と続き、右衛門府の陣、次第司が追う。最後に、予備の御馬を引いた左右馬寮で鹵簿は終わる。

この長い行列は、外廷中心の前陣約七〇〇人。前後を近衛の陣に囲まれた天皇の乗輿の周辺は二五〇人、内侍以下の後陣約七〇〇人の総勢一六五〇人にのぼる。これは唐の大駕鹵簿行列と比べても見劣りしないという。唐の行列構成は天子の輦輅を中心に前後対称であるのに対し、日本は前と後で編成原理が異なっており、内廷の後陣が優勢にされている。また、加わる官司は、唐が門下、秘書など四省の官人であるのに対し、日本は、皇太子、親王、公卿以下はほとんどすべての主要官司が従駕する。注目の移動手段は、唐が車馬の隊列であるのに対し、日本は基本が徒歩で、特別な人だけに輿と馬が用いられて車はない。最も大きな違いは、音楽で、唐は鼓笛隊が演奏しながら進むのに対し、日本は前陣に鉦鼓があるだけである。共通点は、ともに多くの武官が加わり、皇帝・天皇の圧倒的な強さを誇示しているところである。つまり、行列は皇帝の前後に強力な武力装置を展開し、これに供奉する官人を加えたものといえる。

御禊行幸は、天皇を中心とした日本の国家の特色を民衆の前に呈示する一大ページェントであった。

行幸は天皇が移動するだけではなく、王権全体が動くのである。したがって、王権を構成する人と物が鹵簿に組み込まれて天皇の君臨のさまが示される一大絵巻といえる。沿道でこの行列を見物した人たちに、多彩な感じ方を与えたに違いない。

この行列は河原の頓宮に到着し、参議以上は馬を下り、次第司長官以下の諸官が西幔門に列立した。乗輿が門に入ろうとする間、神祇官が御麻を奉している。天皇が入るとき、節下の大臣は静陣鉦を打たせた。続いて装束司、次第司などが入った。まず、御膳の幄《とばり》に行き、座に着くと、御厨子所の御膳が供された。次いで、天皇は腰輿に駕して、御禊の幄に移御される。ここで、御手水の儀が行われ、御膳が供される。親王以下の参列者が奏上され、これらの人々に禄が給される。時刻がくると行鼓が打たれ、天皇は乗輿して還宮されると、解陣の鉦を打って終了となる。

御禊行幸は『日本書紀』・『続日本紀』には見られず、その初見は平城天皇朝で、大同二年（八〇七）一〇月に、葛野川で行われた。この行幸は、新天皇が御輿に乗られ、その前後に騎馬の公卿や牛車の女官などが供奉し、総勢一五〇〇余人の大行列であった。沿道は多数の見物人でにぎわったことであろう。『栄花物語』や『大鏡』には、御禊行幸を「そのほどの儀式のありさま、えもいはずめでたき」「いまにさばかりのみものまたなし」などと評され、院宮貴人たちが桟敷を設けて見物し、京辺の庶民たちも群集して、目を見はる晴れやかな行列に見入った様子が記述されている。

天皇が即位後、初めて行う新嘗祭（新穀を自ら天照大神および天神、地祇にすすめ、また、親しくこれを食する祭儀）を大嘗祭といい、一一月に行われた。大内裏の南中央・朝堂院南庭に設けられた祭場は悠紀殿《ゆき》と主基殿《すき》の二ヵ所で、神饌の穀は卜定された国郡から奉られる。当日、天皇はまず悠紀殿、次いで主基殿に行って神事を行う。天皇の内裏から祭場への移動は鸞輿や腰輿を使って、大内裏内で行われるので、庶民が見学することはできなかった。新しい天皇の即位にともなう諸行事の中で、庶民の目に触れるのは御禊行幸が最たるものであった。

諸儀式がほぼ安定した平安時代の行幸の内容を『延喜式』がよく伝えている。鈴木景二「日本古代の行幸」を参考にして行幸の行列に加わっていた諸司をみると次のようである。

(1)太政官の弁、史、官掌　(2)中務省の丞以上が内舎人を率いて供奉、侍従、次侍従
(3)内記、史生　(4)主鈴が少納言とともに、内印・駅鈴・伝符をあずかって供奉
(5)大舎人寮の舎人　(6)図書寮
(7)陰陽寮の属以上が陰陽師・漏刻博士・守辰丁らを率いて供奉　(8)式部省の輔以上、丞、録
(9)雅楽寮の属以上が雅楽人を率いて行幸へ祇候　(10)隼人司の官人、史生が大衣・番上隼人・今来隼人を率いて供奉
(11)宮内省　(12)神祇官
(13)主殿寮殿部、仕丁　(14)典薬寮の官人、侍医が薬生を率い薬を携えて供奉
(15)掃部寮仕丁　(16)造酒仕丁
(17)左京京職が前駆　(18)左右近衛府の大将より府生までが供奉。このうち、将監の一人が出発のとき、御剣を受け取り、近衛がこの剣および印鈴を警護

⒆左衛兵衛府の官人以下が供奉、兵衛、駕輿丁⒇兵庫寮の寮官、執纛ら

以上の諸司のうちから、御禊行幸での行列で、配置がわかるものをみると、前駆の京職、神祇官、式部省、民部省などの律令官人、武官（兵衛門、左右衛門）などがある。本隊に入って、陰陽寮、中務省の内舎人、左右馬寮が天皇の宝器（内印、駅鈴、伝符、神璽）を運び、いよいよ近衛の一団に前後を固められた天皇の鳳輦が登場する。この後ろには、内侍の女官、主殿寮や掃部部仕丁などの内廷官人によって、松明、水樽などの各種調度品が行き、図書、和琴、御硯などが奥向きの官人によって運ばれる。その後には、図書寮、内薬司、典楽寮、造酒司などが続いている。全体として、王権が移動し、朝政のほとんどの官人たちが従駕し、天皇の権力を凝縮しているといえよう。

平安時代の行幸は、王権の安定に対応して変化し、各種の年中行事とともに儀式化されてきた。『西宮記』では、行幸を中院行幸、八省院行幸、京内行幸、城外行幸、野行幸の五つに分類して詳細な記載を残している。その要点をみると、次のようである。

・中院行幸（腰輿《ようよ》、張蓋）

上卿（公事を奉行する首席の官人）が、勅を奉じ、外記《げき》に仰せて諸司を催す。（内蔵寮《くらのりょう》に仰せて御物を持たしむ。）当日の夕、御輿《よ》を日華門に催す。（諸衛の駕丁、主殿寮《とのもづかさ》に向かう。官人相加わりて御輿を迎う。）天皇南殿に御す。近衛次将日華門の外に向かう。（左近衛は敷政門より出て、右近衛は階下より御輿長を率いて日華門に向かう。）内侍は神爾御剱（三種の神器のうち、八坂瓊曲玉と草薙剣）等を持ち、左右に立つ。小忌《おみ》（祭祀や儀式に厳重に斎戒して供奉する）王卿は庭の東辺に並び、御輿によって左右に立つ。

公卿中将は列を離れて御輿に添う。女官、あらかじめ大刀契《だいとけい》の櫃《ひつ》を持ち、殿の西南の縁に置く。左右将監殿に昇り、これを舁く。（大舎人相持ちて舁く。）主殿の官人帊《おおい》を取る。中将戸を開く。内侍剱を入れる。次に乗御す。次に、璽の筥を入れ戸を閉づ。東竪（供奉する女官）は御挿鞋《そうがい》（天皇の束帯着用のときの沓《くつ》）を取り、御輿長等御輿を持つ。駕丁相待ちて荷《にな》う。次将等立直し、王卿前行す。女官西階より降りて、扈従《こじゅう》し殿上人相従う。中院に御す。大忌《おおみ》の王卿幕の北に立つ。御輿を中院殿の南階によせ、降御す。南庇の西戸、母屋の南面の戸より入り、西隔に御す。事了りて、帰御す。南殿に御し、小忌の王卿の名謁《なだいめん》（供奉の官人がその名を問われて名乗る点呼）を問う。諸衛督《かみ》已下壺胡簶《つぼやなぐい》（矢を盛り背に負う武具）を負う。御輿を西廊に居《す》う。神祇官本殿を祭る。

中和院は内裏のすぐ西隣にあり、新嘗祭や天神、地祇など各種の御親祭が催されるところである。いくら近くても、天皇は自ら歩いて祭場に出御することはなく、必ず輿が使用される。この場合は腰輿、張蓋（さしかけ笠）で、輿の中へ神爾御剱を入れて移動しており、正式の行幸の形態がとられている。供奉する諸官人が担当する役務や扈従する様子までわかって興味深い。輿は駕輿丁が担ぎ御輿長が指揮をとっていることがわかる。

八省神事の時　供奉る人靴を着けず。警蹕《けいひつ》をとなえず。鈴奏なく　草輦に御す。御即位、朝拝は鳳輦に御す。大嘗会の時も之に同じ。衛府公卿平胡簶或は壺胡簶を負う。（中略）

天皇南殿に御す。次将日華門に向かう。天皇御帳の前に立つ。王卿列立す。女官侍臣御輿に候《さぶら》う。

中隔に到る。大将（上臈）大舎人に仰す。御綱張れ。小安殿（大極殿の後房）に御す。（北戸に倚《よ》す。王卿東方に列し、西面南上す。主上入御す。王卿北廊の内に着す。）御輦を昭慶門内の西腋《えき》に居《す》う。近衛小安殿の東西に陣し、兵衛衛門北門の外に陣す。或いは右近太極殿内の西壁の下において酒肴を殿上人に勤む。

八省院は中和院の南方にあり、各種の神事が催される。この行幸に供奉する者は、靴を着けず。警蹕（先払いが「おお」「しし」「おしおし」などと声をかけて、道行く者をいましめること）をとなえず、鈴奏もないのが常例という。乗用具は葱華輦で、即位式、大嘗会などの大きな儀式での鳳輦ではなく、次の格付けになっているが、中院行幸の腰輿よりは上位である。葱華輦の運行は轅を担ぐ駕輿丁とともに、輿の揺れを防ぐため、屋根の四隅から垂れ下がっている綱を引っ張りながら進む駕輿丁がいるので、「御綱張れ」との下知の文言が入っている。近衛府と兵衛府の徒士が陣をつくって警備を厳重にしているところが読み取れる。

・京内行幸は、前日に上卿の奏聞によって、供奉する主な者を集めて確認している。

当日御輿に候《さふろ》うこと例の如し、供奉《つかえまつ》る王卿常の如し。諸衛の将佐は平装束、外衛府生已上、中務丞内舎人は平装束。近衛馬寮の判官以上は褐衣《かちえ》狩胡簶《かりやなぐひ》。東竪は冠を着く。六位は青色もしくは黄衣、五位は位袍《いほう》、御後ならびに本陣に供奉る蔵人は青色。童は泥障鞍《あふりくら》を用う。

宮城から外部へ出る行幸なので、行列も慎重に整えられ、供奉する者の服装も規定に従っている。官職・位階によって着用する衣服と色が定められている。多い平装束は東席で布帯を用いるものであり、褐衣は下級武官の着服で、狩衣のように裏もなく腋を縫い付けたもの、位袍は位階に応じた束帯の表衣、泥障鞍は鐙《あぶみ》の内に垂れ、泥のはねを防ぐ毛皮製の馬具である。

・城外行幸

王卿の装束常の如し。諸衛の将平《ひら》装束。判官已下。中務、内舎人は褐衣《かちえ》。図書地図を持つ。造酒《みき》横甕に酒を入れ、馬に負わす。大炊飼《おおひおれい》を櫃に入れ馬に負わす。内蔵《くら》銭を餌袋に入る。二省、弾正、隼人、供奉ること例の如し。

式部、兵部の二省、洛中の巡察をする弾正、儀礼を担当する隼人とともに、地図を携えた図書寮が従うのは、奈良時代の行幸の伝統が残っている。宴で使われる食料や酒、器具御料等も馬で相当量を持参しているので、行幸先での儀式や宴が催されたのであろう。

・野行幸

野に入りて、御狩す、御鸞人の装束。（臨時甲巻にあり）

太上皇の御行（供奉する人々の装束、時に随い定めなし）上皇御車に乗る。（檳榔）御随身布衣を着、

狩胡籙を負う。（御車の後にあり）
（巻十七　年中行事より）
天皇白橡（延喜御宇、天皇御右近馬場、改服直衣）、公卿如例。衛府着弓箭、鷹飼王卿、大鷹飼、地摺狩衣、綺袴、玉帯、鶬飼、青白橡袍、綺袴、玉帯、巻桜、有下襲、着剣者尻鞘、王卿鷹飼入野之後、着行縢《むかばき》餌袋或王卿已下鷹飼、着供奉装束扈従乗輿云々、四位已下鷹飼、着帽子、臂鷹令牽大、引立安福、春興殿前、又王卿已下諸衛及鷹飼等、装束随遠近相替、鷹飼入野之後取大緒、大鷹飼者結懸腰底、小鷹飼又同之。

遊猟である野行幸は、城外行幸から区別して記述されている。京郊外の野へ行って狩をするのであるが、その道中は行列を組んで進んで行く。鷹をすえ、弓や餌袋を持ち、犬を引き、青色の上衣、褐染めの下襲、摺衣、巻桜、綺袴などの装束での一行は、沿道の人たちにとっては珍しい行列であったに違いない。乗用具は天皇は輿、太上皇は牛車であったことが読み取れる。

『源氏物語』の「行幸」の項に、冷泉天皇が康保四年（九六七）の一二月に、大原野へ鷹狩行幸の場面が描写されている（図28）。天皇の行幸は朝廷あげての一大ページェントであり、京中と近郷近在から行列見物に庶民が大挙して参集する盛況であった。瀬戸内寂聴の訳から、出立の様相をみると、

大原野への行幸があるというので、世間では一人残らずそれを見物しようと大騒ぎしています。

図28　大原行幸（文献58）

六条の院からも、女君たちが牛車を連れて御見物にお出かけになります。

行幸の列は午前六時に御出発なさいまして、朱《す》雀大路《ざくだいじ》から五条の大路と、西の方へ折れて進んで行きます。桂川の岸辺まで、見物の車がびっしりと並んで隙間もありません。行幸といっても、いつもかならず盛大とは限らないのですが、今日は親王《みこ》（皇子以下四世までの皇族男子の称号）や上達部《かんだち め》（宮中に仕える三位以上の殿上人ら）も、みな念を入れて馬や鞍を整えられ、随身や馬副《うまぞい》には容姿や背丈の美しい者を選んで、それぞれ美しい衣裳を着飾らせています。こんなことはめったに見られない見事さです。

左右の大臣、内大臣、納言《なごん》より以下の人々は、またなおさら、一人残らずお供申し上げています。青色の袍《ほう》（束帯の上着）に、葡萄《えび》染めの下襲《したがさね》（胴着の下に着た衣で、背後の裾《きょ》を長くして、袍の下から曳いた）を、殿上人や五位、六位の人々までも着ています。
　雪がほんの少しちらほら降って、道中の空の色まで、何ともいえず優美な風情があります。親王たちや上達部なども、鷹狩りにお加わりになる方々は、珍しい狩りの御装束を御用意していらっしゃいます。近衛府の鷹飼いたちは、まして世にも珍しい摺り衣（山藍や鴨跖草《つきくさ》などの染め草の汁で種々の模様を布帛に摺り付けて染め出した衣）をよりどりに無造作に着ていて、格別の見ものです。

のようである。このときの行列が行く光景を描いた「行幸・浮舟図」がある。騎馬に先導された天皇の鳳輦が大原野への山路を勢いよく進んでおり、画面からはつらつとした気分や活気が感じられる。こうして帝の行列は順調に大原野へ到着して、御輿《みこし》をおとどめになった。上達部たちは幔幕《まんまく》で囲った仮屋の休息所で食事をとり、装束を直衣《のうし》や狩衣《かりぎぬ》に着がえたところに、六条の院から御酒や果物などが献上されている。

『栄花物語』二三巻の「こまくらべの行幸」は、万寿元年（一〇二四）九月の行事を記している。また、このときの状況を描いた『駒競行幸絵巻』が現存し、後一条天皇の行幸と一条天皇の中宮彰子《しょうこ》、東宮敦良《あつなが》親王（のちの後朱雀天皇）の行啓の様相をうかがうことができる。

関白藤原頼通の高陽院《こうやのいん》において、行幸・行啓を仰いで駒競べ（競馬レース）を行うべく準備が進められた。この邸宅は寝殿の四方に池をめぐらす宏壮で独特な造りであった。東の対屋《たいのや》を馬場殿《うまばどの》に仮設して、その前面に馬場が設けられた。

まず、一四日夜、太皇太后（中宮彰子）が自邸の京極殿から、御輿に乗って渡御され、女房の車二〇輌が供奉した。駒競べ当日の一九日、まず午前一〇時に後一条天皇が、続いてほどなく東宮が到着した。

同じ月の十九日、駒競させたまふ。日ごろだにありつるを、今日はとりわけめでたし。帝《みかど》のおはしますべき大床子、寝殿の南面に立てて、御座よそひたり。巳《み》の時ばかりにぞ行幸ある。御階に御輿寄せて下りさせたまふ。さて、おはしましてゐさせたまひて、東宮おはします。陣の外にて、事のよし奉して、御車陣にてかき下ろして、筵道参りて下りさせたまひて、西の廊のなかの妻戸《と》より入らせたまひて、西の対《つい》の簀子《すのこ》より通りて、渡殿《わたどの》の簀子を渡らせたまひて、寝殿の南面より入らせたまひて、御座につかせたまひぬ。東宮の御座は平座なり。御簾《みす》の内の有様思ひやられて笑《ゑ》まし。宮の御前の待ち見たてまつらせたまふらん、思ひやりきこえさせぬ人なし。入道殿は、東の文殿《ふどの》あり、そこに御簾かけたり、さるべき僧ども多く具しておはします。

（同じ月の一九日、競馬を御催しになる。ここ数日でさえ、わきたっていたのだが、今日は格別の慶びである。帝がお座りあそばす大床子を、寝殿の南面に立てて、御座がととのえられてある。巳の時ごろに行幸がある。御階《みはし》に御輿を寄せてお下りあそばす。こうして帝は大床子に着座なさり、それから東宮がご到着になる。警固の詰所の外で、その由を奏上して、御車を陣のところでかき下ろして、通路に筵《むしろ》をお敷してお下りになる。西の廊の中の妻戸からお入りになり、渡殿の簀子を通って、寝殿に南面からお入りになって、御座にお着きあそばした。東宮の御座は平座である。御簾《みす》の内部の様子が想像され、ほほえましい気がする。大宮の御前《おまえ》が待ちかねていらっしゃって、対面なさるお気持もさぞかしと想像申し上げぬ人はない。入道殿（藤原道長）は、東の対の北寄りに文殿があって、そこに御簾がかけてあるが、そこにしかるべき僧どもを大勢従えていらっしゃる。）

『駒競行幸絵巻』では、中門のうちの庭には、太皇太后に供奉した人々をはじめ上下の盛装した群集であふれている。橋を渡った帳の細い模様がはえる葱花輦が、前後六人ずつの駕輿丁に担がれて、寝殿南の階《はし》の先端にかき入れられている。御輿の周辺には、巻纓《けんえい》の冠に緌《あいかけ》をかけ、闕腋《けってき》の束帯姿の武官たちで満ちている。いずれも螺鈿飾太刀《らでんのかざりたち》・石帯《せきたい》・平緒《ひらお》を帯び、平胡簶《ひらやなぐい》に切斑《きりふ》の矢一四本を負うている。そして、下の二本は落とし矢で、合わせて一六範を指している。下襲《したがさね》の裾《きよ》を切りつめて、袍の尻に重ねている。靴《かのくつ》には、それぞれ模様が見られ、細かいところまで描きこまれており、御輿到着時の臨場感をうかがうことができる。

『枕草子』に「見物《みもの》は」の項があり、平安京での見るものとしてすばらしいのは、「石清水・加茂の臨時祭、行幸、加茂祭の翌日、斎王が斎院御所へ帰る行列、加茂祭の前日、摂関が加茂神社へ詣でる行列」の四つをあげている。このうち、行幸については次のようである。

行幸にならぶものは、何かあらむ。御輿を奉るを見たてまつるには、明け暮れ御前に候《さぶら》ひつかまつるともおぼえず、神々《かうがう》しく、いつくしう、いみじう、常は何とも見えぬなにつかさ、ひめまうち君さへぞ、やむごとなくめづらしくおぼゆるや。御綱《みつな》の助《すけ》の中将、いとおかし。近衛の大将、ものよりことにめでたし。近衛府こそなほいとおかし。（中略）還らせたまふ御輿の先に、獅子《しし》、狛犬《こまいぬ》など舞ひ、あはれさる事のあらむ。郭公《ほととぎす》うち鳴き、ころのほどさへ似るものなかりけむかし。

行幸はめでたきものの、君達車などの好ましう乗りこぼれて、上下走らせなどするがなきぞ、くちおしき。さやうなる車のおしわけて立ちなどするこそ、心ときめきはすれ。

（行幸に匹敵するものは、何があろうか。天皇が御輿にお乗りになっておいでなのを拝見しているときは、自分が明け暮れ身近に主上の御前に伺候《しこう》し申しあげているとも思われず、神々しく、尊く、御立派で、常日ごろはとくに目に留まらない何々の司《つかさ》とか、姫大夫までが、高貴で珍しく感じられる。御綱の助（揺れを防ぐため御輿につないだ綱をとるため供奉する役）の中・少将は、とても風情がある。近衛府の人々はやはり何といってもおもしろい。）

宮中に仕える清少納言の行幸を見る視点がおもしろい。御輿で進まれる天皇を拝見して、神々しく、尊く、御立派な最高位の存在として認識している。その目で、帝につかえる日ごろの自分に視点をふっと移している。対象を自分と切り離して客観的にみる視点と自分との関係、自分の見方を前面に出した考察の両面を対比させるおもしろさがある。御綱の助や近衛の大将が風情があって、かっこいいのは、輿が閤門を出るとき、大将の号令によっていっせいに綱を張って鳳輦が出立するさまが、はでやかな行列の雰囲気を盛り上げているからであろうか。御輿先の舞楽、君達車など活気のあることに心ときめかせているところからすると、見てすばらしいものの条件が見えてくる。

鈴木景二「日本古代の行幸」の行幸概要一覧表から、平安時代の実施回数（神泉苑行幸などは省略）をみると、遊猟が初期には年間一〇回以上の年もあり、全体で二六一回と最も多く、次いで、中期以降の朝覲行幸が七三回で、その他では臣下邸第一一回、京外行幸六回、寺社行幸三回となっている。

平安時代は伊勢や関東などへの大規模な畿外行幸はなくなり、京近郊への遊猟、臣下邸第、朝覲行幸などが中心で、全体として天皇行幸は減少していった。これは、天皇の安定的権力が次第に確立していったことと関係が深い。薬子の変を契機として天皇と太上天皇との区別が明確化し、天皇が唯一絶対権力者となった。これにより行幸時の行列は、天皇が輿、仗衛による編成で他を圧したのである。

そして、平安中期以降は行幸は少なくなり、行幸しない、移動しない天皇となり、内裏の奥に入り、庶民には神秘性のある見えない天皇となって、王権の超越的性格を定着させることになっていく。官僚による運営体制が充実し、法と制度による支配が確立することによって、行幸の必要性は少なくなったのである。だから、行幸は、特別な場合に限られることになる。

鎌倉・室町時代の行幸

この時代で行幸が話題になるのは、九六代の後醍醐天皇である。文保二年（一三一八）、三一歳という壮年で即位し、強靭な意志力と抜群の行動力で激動の時代を生き抜いた。天皇は寺社を味方につけるため、正中元年（一三二四）に石清水八幡神社、加茂神社、元徳二年（一三三〇）には東大寺、興福寺、延暦寺へ行幸した。第一皇子の護良親王を天台座主に送り込んで比叡山との関係を深めた。延暦寺の大講堂供養修造を終えての供養の儀式のため、同年三月二七日に盛大な行幸が行われた。このときの行列の様子を『太平記』巻第二からみると次のようである。

行幸の粧《よそおい》きらきらしく、供奉の百寮ことごとく君主に随ひ奉る。まづ一番には、隼人の歩障百人、先に列をぞ引きたりける。その次に神宝を捧げ奉り、その跡左衛門尉藤原長雄《ながお》・式部遠藤清有、左右の相双《あいなら》ぶ。その次に左右京職、各兵仗《ひょうじょう》を帯して二行に相随ふ。その次に神祇官の官掌和気助忠・壬生宗綱《みぶのむねつな》・行清・権大副大中臣親忠《ごんのたいふくおおなかとみのちかただ》・内蔵寮《くらのりょう》・弾正台・兵部省・式部省左右の大史《だいし》・隼《はや》人司《とし》・検非違使には中原章兼《ありかね》・陰陽寮漏尅《おんやうりようろうこく》の博士・中務省内舎人《なかつかさしょううちどねり》・左右馬寮《めりょう》には藤原在淳《ありあつ》朝《あ》臣《そん》なり。その次には、威儀の御馬《おんうま》を引かせられぬ。銀面雲珠《ぎんめんうす》輝きて、朝日光を奪はれたり。この跡には、内記にて菅原長綱、外記《げき》には佐伯為忠《さいきためただ》なり。この次に鎰《いつ》を負うて鈴の馬を引かせらる。その跡に少納言藤原国持朝臣、この次に太刀羿《けい》を持たせらる。この跡は公卿なり。（氏名略）已上十二人。この跡は、褐《かち》の随身御先を追うて、駕輿丁数百人、鳳輦を捧げ奉る。御綱《みつな》の次将十七人、兵杖を帯して左右に警蹕《けいひつ》を進めたり。この跡には関白殿の御出なる。まづ、東豎子《じゅし》、次に腰輿、その次に職事蔵人《しきじくろうど》、加陪従《かべいじゅう》、所の雑色《ぞうしき》、典薬寮《てんやくりょう》、内膳司《ないぜんし》、造酒司《みきのつかさ》、図書寮《づしょりょう》、内匠寮《たくみりょう》、主殿寮《とのもりょう》、大蔵省、宮内省、縫殿頭《ぬいどのかみ》、大舎人《おおとねり》、掃部寮《かもんのりょう》の大膳職《だいぜんしき》、木工寮《もくりょう》、大炊寮《おおひりょう》、主税寮《ちからりょう》、左右兵衛府、左右衛門府に至るまで、次第を守って供奉したる有様、前代未聞の行粧なり。

　山上には、また妙法院・大塔宮、三千の大衆を召し具して、御迎へに下山あり。これまた、目を驚かす程の見物なり。すでに供養の時尅《じこく》になりしかば、主上御参堂あり。伶人《けんじん》帷《い》を巻いて乱声を奉すれば、貫首すなわちご入堂あり。この時三千の大衆ことごとく庭上に列居す。百官皆階下に陣を列《つら》ねたれば、由々しき為体《ていたらく》なり。

（行幸のいでたちは、きらびやかに豪華であり、供養の儀式に臨む百官は皆、帝にならって装うのだった。まず一番には、隼人の歩障百人が帝の前に列をつくって進んだ。次に神宝を捧げて歩み、その後に、左衛門尉藤原長雄、式部丞《じょう》遠藤清有の二人が左右に並んで進んだ。その次に左右の京職《きょうしき》が、おのおのの武具を手にして二列に並んだ。次には神祇官の官人和気助忠・壬生宗綱《むねつな》、同じく行清《ゆききよ》、権大副である中臣親忠《ちかただ》、内蔵寮・弾正台・兵部省の官人、太政官の左右の大史、警備の隼人司が続いた。次に、検非違使別当の中原章兼《ありかね》が続き、陰陽寮からは漏刻《ろうこく》博士が並び、次に中務省の内舎人《うどねり》、さらに左右の馬寮からは藤原在淳《ありあつ》朝臣が行列に参加した。この行列の後には、儀式の順序にのっとって、白馬が引かれた。その馬の顔に当てた銀面や唐鞍に付けた雲珠《うず》の金銅金具が陽光に映じて、朝日の光以上に輝くのだった。この後には、中務省の内記から菅原長綱《ながつな》が、太政官の外記からは佐伯為忠《ためただ》が参加した。彼らの次には、庫蔵の鍵を負った馬が鈴の音を響かせて通る。その後に、少納言藤原国持《くにもち》朝臣が歩み、後ろに太刀と契印とをお持たせになった。この後には公卿が続いた。（氏名略）以上一二人の方々である。この後は褐衣《かちえ》を着た随身が露払いをして、駕輿丁数百人が帝のお乗りになった鳳輦を捧げ申しあげている。この御輿の綱を執るのは近衛の次将一七人で、続いて近衛の舎人が武器を帯して、左右に声を発してあたりをいましめながら歩を進めた。この後には関白殿（鷹司経忠《つねただ》）のお出ましがある。まずは東の内豎所《ないじゅ》につとめる少年たちの行列があり、次に関白の腰輿《ようよ》が通り、続いて職事蔵人、加陪従《かべいじゅう》、蔵人所《くろうどどころ》の雑色《ぞうしき》となり、さらに典薬寮、内膳司、造酒司《みきのつかさ》、図書寮《ずしょりょう》、内匠寮《たくみりょう》、主殿寮《とものりょう》、大蔵省、宮内省、縫殿頭《ぬいどのかみ》、大舎人寮《おおとねりりょう》、掃部寮《かもんりょう》の大膳職、木《も》工寮《くりょう》、大炊寮《おおいりょう》、主税寮《ちからりょう》、主計寮《かずえりょう》、左右の兵衛府・衛門府の官人に至るまで、それぞれの順序に従って供奉したこの行幸の有様は、前代未聞のすばらしさであった。

一方、比叡山上からは、妙法院尊澄《そんちょう》法親王と天台座主大塔官尊雲《そんうん》親王とが、三千といわれる山内の僧たちを引き連れ、天皇をお迎えのために下山なされたが、これもまた京の人たちにとってすばらしい見ものであった。供養の時刻が到来して、帝《みかど》は大講堂へお参りなさる。楽人が垂れ絹を巻き上げて乱声の曲を演奏すると、ただちに天台座主がご入堂なさる。このときに全山の僧侶が庭に居並ぶのであった。公家たちは大講堂の階下に立ち並んだので、またとない盛儀であった。）

この行幸をみると、服装を整えての本格的な大編成の行列である。先導は一〇〇人の隼人で、次に神宝、京職、神祇官、太政官などの礼儀、民政の官人、警護の武官が行く。そして、陰陽寮が漏刻器

（時計）を囲んで行き、装飾された白馬、蔵の鍵、太刀、契印などの宝器が続き、その次に公卿一二人がそれぞれ供奉の人たちと進んだ。いよいよ天皇の鳳輦が近づく。褐衣《かちえ》の随身の露払いに続いて、「駕輿丁数百人」に担がれているとあるが、これは少しオーバーで実際は二〇人程の組が三手ほど準備されていたと考えられる。比叡山の登り道はきついところが多いので、交代を何回かしながら進んだことであろう。鳳輦の揺れを防ぐため、屋根の四隅から吊るされている綱を近衛の次将が持ち、舎人の「おしおし」「しし」などの警蹕の声とともにおごそかに進んでいく。そして、関白の腰輿、続いて種々の調度品とともに担当のそれぞれの内廷官人の人たちが、一八種も続いている。最後は兵衛府、衛門府の諸士によって警護を万全にしている。「前代未聞の行粧」とあるように、後醍醐天皇の力の入れようがうかがわれる。

元弘元年（一三三一）八月二四日には、密告によって六波羅追討計画が武家方に漏れたため、比叡山行幸を変更して、笠置山へ向けて臨幸した。三種神器を取って御車に乗り、下簾より出衣《いだしぎぬ》を見せて、女房車に見せて陽明門を出た。そして、途中で張輿に乗り替えた。しかし、急なことであったので駕輿丁が準備できなかったので、供奉の随人たちが交代で、衣冠の正装を脱いで、寺詣をする公卿奉公の若侍などが女性を引き連れているように見せて進んだ。とりあえず、東大寺へ人を送って御輿を取り寄せて、ここへ入った後、帝はお忍び行幸の体裁で、奈良の僧徒を少々お連れになって笠置山へ脱出していった。しかし、圧倒的な幕府軍の前にあえなく敗れ、翌元弘二年（一三三二）に捕らえられて三月に隠岐島へ流されることになった。網代車で京都を出発し、途中で御輿（四方輿）に乗り替え

図29　警護され隠岐へ流される後醍醐天皇（文献20）

て山陰へ向かっている（図29）。あとの二つの場合は、通常の行幸とは違った緊急事態ともいえる状況なので、行列の編成も異例づくめであるのはやむを得ない。そして、翌年二月、後醍醐天皇は釣り船で隠岐島を脱出して、船上山に立てこもり、朝敵追討の宣旨を発して足利尊氏らの味方を得て、鎌倉幕府を滅亡させた。五月に船上山を御輿で出発し、道中では味方の武将を多く得て六日に京都へ還幸している。『太平記』巻第一一「先帝還幸の路次巡礼の事」の終わりには、「路次の行装、行列の儀式、前々の行幸に事替《かわ》って、百司の守護厳重なりしかば、見物の貴賤岐《ちまた》に満ち、帝徳の再び新たなる事を頌《しょう》ずる声、洋々として耳に満てり。目出たかりし事どもなり」と、盛大な行列によって帝徳がよみがえったことを賛美する声が響きわたったことを描写している。

室町時代に入って行幸を実現させたのは、南北朝内乱の統一に尽力し、室町幕府の全盛時代を築いた第三代足利義満である。永徳元年（一三八一）に後円融天皇を室町第に招いたことがあるが、その後北山殿（金閣はその一部）を造営し、四代義持に将軍を譲位してからも権威を発揮していた。応永一五年（一四〇八）三月八日、後小松天皇は行列を整えて北山殿に行幸し、二〇日間ゆったりと滞在するのである。『北山殿行幸記』を中心に、天皇と輿に焦点をあてて、行幸の様相をみてみたい。

御輿寄せや御輿宿《やどり》を官方の要請で設けて、桜が咲く北山殿へ天皇を迎えるべく準備が進められた。留守を託す留守人が二人任命され、天皇が皇居を離れる間の中心となった。出立の当日は奉行からの合図で天皇は南殿に出御。関白が御裾のはしをとる。内侍二人が剣と璽を持って進む。まず御帳の東の間で、陰陽師の朝臣が、邪気を払い正気を迎える呪法の足の踏み方である反閇《へんばい》を行って、出行の安寧を祈願して下がった。少納言が鈴を奏すと関白は勅答の由を告げて、御輿をはしの間《ま》に寄せる。三条宰相が剣璽の役をつとめたあと、帝は乗輿されると関白が御裾を輿の中へたたみ入れられる。近衛の大将が中門の前で御綱の指示をすると、次将が御輿の揺れを防ぐ綱を四方に張って持ち、駕輿丁に合わせて進行するのである。四足の門を出ると、立楽の音がし、公卿や諸司が列立する中を行列が進んで行く。

先陣は兵士が多数歩み、その後には百官の司、諸衛の陣、染装束の上達部と続き、御輿の近くは近衛の大将、次将が囲んでいる。「駕輿丁の御さきの声なども、ふぜいがあってめったに会えない珍しい心地する」と筆者は感じ入っており、そして、御輿の中の天皇も「げにめでたくかたじけなし」と推測している。

供奉の公卿は左大将徳大寺ら三六人と多く、それぞれに十数名の随身とともに続いている。この次には後陣の諸司がなお多く従っている。北山殿へは東門から入って進むと、出迎えの日野大納言ら六卿が伺候し、四足の門近くには、義満公と若君の義嗣が出張って迎えている。御輿は総門から桜の木々の中をわけ入って中門に入り、南階で下御された。関白は御輿のきわに蹲踞した。内侍二人が左右に立ち、三条宰相中将が御剱を取って左の内侍に渡し、璽の筥《はこ》は右の内侍に授けられる。神器の御輿からの移動をまず最初に慎重に行ってから、御所の中へ進み、夕刻の祝宴にそなえた。これから二〇日間は、天候を勘案しながら御宴、舞踏会、管絃、三船御会、和歌御会などを催してゆったりと宴遊を味わって春を満喫するのである。

また、永享九年（一四三七）には、一〇二代後花園天皇が、六代将軍足利義教の室町殿へ行幸し、六日間滞在して宣遊をしながら交歓を深めている。この時代は、行幸が日常的に行われる慣例がなかったため、天皇と将軍が良好な関係にあり、合意に達した場合のきわめて限られた機会にだけ実施されている。このため、行幸記の資料は少ないが、時代の様相をうかがえるものとして貴重である。

聚楽第行幸

その後で、盛儀と豪華さで話題を呼んだのが、天正一六年（一五八八）四月の聚楽第行幸である（図30）。豊臣秀吉は内裏近くに築造した黄金趣味あふれる豪壮な新邸へ、後陽成天皇の行幸を懇願した。そして、正月には朝廷に準備の支度料を献上するとともに、秀吉側も民部卿の法印玄以は奉行として

図30 「聚楽第行幸図屏風」（文献13）

室町将軍家への先例や故実記録などを詳しく調査して、大金をかけてこれより数倍大規模な行幸を計画して当日に臨んでいる。

秀吉は当日、奉行職事《しきじ》をともなって、御所へ出迎えに参上している。出行の準備が整ったことを伝える奉行の合図によって、天皇は山鳩色の束帯姿で出御された。御殿から莚道ふたん（帝が歩かれるところに敷くむしろ）を敷く。奏鈴、笏での勅答で、御剣将、御草鞋を所作し、鳳輦を御階の間に寄せた。秀吉は天皇のおそば近くへ行き、乗輿されるとき、衣装の裾《すそ》を持って鳳輦に乗るのを手伝っている。出御した行列の通路は、四足門から正親町《おおぎまち》を西へ、聚楽第までおよそ一五町（約一五〇〇メートル）で、この間の辻固めは六〇〇〇余人であったという。

行列の次第をみると、まずは、烏帽子をつけた警固の侍を先導に、後陽成天皇の母、女御《にょうご》の御輿をはじめ、大典侍御局、勾当《こうとう》（奏請、伝宣を司る）、そのほか女房衆の御輿三〇丁余、御輿添え一〇〇余人、多数のお供の人たち、その後に塗輿一四、五丁が、伏見殿、九条殿など多くの供奉公卿とともに聚楽第へ向かった。

次に、天皇を含む行列である。先頭は雑色が四列で進み、次に左右二人の蔵人が布衣侍、警固の侍、笠持、馬副らを従えて行き、前駆に摂家、公家衆らが左右二列で騎馬で二七家が続く。富小路右衛門佐秀直と侍従ら、次に近衛次将の各朝臣六家がつらなり、二家の蔵人頭が行き、大将である鷹司大納言と西園寺大納言が随身、布衣侍、雑色、馬副、笠持らを従えて騎馬で進む。そして、雅楽を奏する伶人四五人が「安城楽」を奏しながら行くと、前後を多勢の役人で固められた鳳輦がのぞめる。「聚楽第行幸図屏風」での駕輿丁は烏帽子に白張で前後六人ずつの一二人が担いでおり、綱持ちは描かれていない。しかし、『聚楽第行幸記』には、「左右の大将御綱以下例の如し」とあり、御綱の次官《すけ》が鳳輦の御綱をとって、揺れを防ぐ役を果たしていたことが読み取れる。

鳳輦の後には、書記官の外記以下の役人がつき、その跡に主要な摂家・公家衆が続く。左大臣近衛信輔公は諸大夫、布衣侍、烏帽子着、随身、雑色、傘持を従えて行き、内大臣（織田）信雄《のぶかつ》、大納言（徳川）家康、（豊臣）秀長、中納言秀次らが序列に従って加わり、備前宰相宇喜多秀家の次に、関白秀吉公が輿で進んでいる。次に、前駆の馬上の武家が左右二列で各六二家続き、牽替牛《ひきかえ》、榻持《しじもち》（乗降の踏台）舎人、車副、御沓持、烏帽子着数百人が三列で行く。次には、加賀少将（前田）利家、金吾侍従（小早川秀秋）、松嶋侍従（蒲生）氏郷《うじさと》朝臣ら二七家の大名衆が続いた。

『太閤記』には、「つぎつぎの侍はその数を知らず。馬上の装束は五色の地に、四季の華鳥を唐織横糸を浮かして織った浮織《うきおり》、立紋《りゅうもん》（太い糸で粗く織る絹織物）、縫薄《ぬいはく》（金銀糸を交えて刺繍したもの）などにして、蜀江の綾羅錦繍《りょうらきんしゅう》目もあやなり」と華麗な行列の様相を述べている。また、この行列を見物に来た人々の様子について次のように述べている。

五畿の近きはもとより、七つの道の遠きより、貴賤老少踵《くびす》をつらね、襟《もすそ》を重ねて上りつどいつつ、まことに音にのみ聞侍りし御幸を、拝み奉らんと十三日のくれよりも町屋を頼み、鳳輦に心をうつし、待居たるこそ久しけれ。げに天公も感応ましますにや。天晴上る日影もひときわあざやかなり。ようよう伶人ほの見え、管絃の声聞えつつ、殊勝さなかなかいわんかたなし。はじめのほどは、これかれの制法などいいかわす声々に、物さわがしう侍りしが、いつとなく静り返って、寒き夜の霜をも聞つべうぞ覚えたる。左右の前駆過きおわり、しばし程えて、鳳輦ゆるぎ出させ給ひければ、見る人こうべを地に付け、目をそばめてぞ侍りける。

行列を見物する人々は、声をしずめて鳳輦を拝みたてまつる様子が印象的であり、「感歎《かんたん》肝に銘じ」たという。先頭は聚楽第に到着しても、後尾はなお禁裏にいる長い行列であった。経路は一五〇〇メートルと短かいため、天皇が聚楽第に着いても、秀吉の行列はまだ御所を出ず、天皇を待たせたまま行進を行ったのである。天皇はやむなく、御輿よせにかきつけ鳳輦から降りて、衣服を整えたりする便宜所で休まれた。秀吉が到着したので程なく御座につかれるとき、秀吉は裾を後ろにたたみつつ、御前にして御気色をとり、しばしそばにひかえて退出したという。

臣下は当日お迎えのあいさつに参上し、自らは帰って、自邸の門前で、天皇をお迎えすることが慣例であったが、今回は行列に加わったのであるから、近いとはいえ天皇を待たせることは予想されたことである。行幸先の聚楽第の選地とともに、行幸の運び方を通じて、実質において自分が天皇より優位であることを示す秀吉の目論見であったともいわれている。

第一日目は到着後、七献の饗宴、管絃の遊び、三朗詠が行われ、一五日は大名衆誓詞（二九人）、初献に進物（京中の銀地子を禁裏御料所、京中の地子米八〇〇石を上皇等に、公家・門跡に八〇〇〇石の知行地）、一六日和歌御会、五献、謡、一七日舞楽御覧、御歌、瓦楽、引出物献上、一八日三献進、還御。当初は三日の予定であったが五日間の逗留となり、午後鳳輦を寄せて、行幸の日のごとく、前駆から次々に出発した。行幸のときはなかった長櫃三〇棹、唐櫃二〇荷の進上物が加わっていた。楽人が「還城楽」を奏し、その調べはゆるやかで、上代のことを思いやられる光景であったという。

天皇から従一位関白太政大臣の官位を得て、公武一統政権を仕上げる一大イベントが聚楽第行幸といえる。

二条行幸

寛永三年（一六二六）五月二八日、徳川秀忠は江戸を出発し、六月二〇日新装なった二条城に入った。秀忠は七月一二日に参内し、常御殿で三献が行われ、同行した尾張藩主義直、紀伊藩主頼宣にも一献があった。このあと、中宮御所で天皇、中宮和子（秀忠の娘）、大御所秀忠が顔を合わせ、水いらずのふれあいが行われた。

同年九月六日、後水尾天皇は二条城に行幸した。大御所秀忠と三代将軍家光が中門で、鳳輦が入城するのを出迎えた。行幸に先立って、中宮和子は先駆を譜代大名二〇名、最後尾を旗本六名が固める行列で入城した。また、女院（仏門に入り門院の名号を持つ天皇の生母）の前子、そして、二人の姫君はそれぞれ行列を組んで二条城へ入った。このあと将軍家光は、諸大名をともなって、天皇を迎えるために参内した。常御殿で天皇に拝謁し、行幸の御礼を述べ、二献のお祝いの後に退出し、二条城に引き返した。中宮らに供奉した公家衆は、天皇の行幸に供奉するため内裏に戻った。

天皇の行列は午後二時ごろ内裏を出発した。これは、楽人を先頭に、関白以下の公家衆、地下衆を従えた大行列であった。禁裏の宣秋門《ぎしゅう》を出ると、東洞院通りを北に曲がり、正親町通り（現中立売通）を西進、堀川通りを右に折れて二条城へ向かった。「二条行幸図絵巻」（図31）や「寛永行幸記」によると、槍持、幡持、笠持、榻持等が烏帽子をかぶり、白丁・布衣などの正装で供奉しており、公卿は騎馬で進んでいる。天皇の鳳輦はひときわ高くはえている。これを八人で担ぐ図柄になっており、「御水尾天皇二条へ行幸之記」に「御ほうれん四ふのかよてう四人、さ紀かりかよてう四十人」とある。「御水尾天皇二条へ行幸歯簿絵巻物」では二〇人で担いでいる図になっており、当日はこの図に近かったと考えられる。

天皇の鳳輦が二条城に近づくと、秀忠と家光は二条城中門で鳳輦の入城を出迎えた。天皇は入城後

図 31 「二条行幸図絵巻」(『近世風俗図譜』, 文献 13)

休息をとり、束帯から直衣《のうし》に着替えて円座の茵《しとね》に着した。秀忠と家光は長押《なげし》内に設けられた円座に着き、関白・右大臣・大納言らは南簀子に一列に着座した。初日の儀式が行われ、御宴には中宮和子、女院、姫方も出席し、晴れの御膳が出された。翌七日は将軍から天皇へ白銀、御服などの進物、舞楽御覧が行われ、八日は大御所からの進物、和歌御会、管絃の御遊、九日猿楽が催され、一〇日に勧盃の後、還幸された。こうして、四泊五日の後水尾天皇の二条行幸は無事終了した。

多くの大名を京都に参集させた一大イベントは、江戸幕府の権威を示すとともに、朝廷と幕府の関係を深めることになった。土御門泰重の日記には、「花やかなる行幸　貴賤群をなす」と描写され、洛中は華麗な行粧の盛儀でわいたことを伝えている。

賀茂・石清水行幸

攘夷の意志が固い孝明天皇は、長州藩の建白を入れて、

図 32 「孝明天皇賀茂行幸絵巻」（文献 24）

文久三年（一八六三）三月一一日、攘夷祈願に賀茂社へ行幸した（図32）。天皇が御所の外へ出る行幸は、二条行幸以来二三七年ぶりである。京都町奉行の先導で、先陣は長州藩の毛利定引で、ほかに在京の備州岡山藩松平侍従、讃州宇和島藩伊達遠江守ら一三諸侯が、飾馬に騎乗して供奉した。次に、二条右大臣、近衛大納言、徳大寺内大臣らの多くの公家衆が輿で続いた。その後に、多数の廷臣が随従し、輿の頂上に金色の鳳凰が輝く、天皇が乗輿した鳳輦を、冠をかぶり、素襖を着した三〇人ほどの駕輿丁が担いだり、綱持ちをして、揺れを防ぎながら静々と進んでいる。

この後には、老中水野和泉守、板倉周防守、そして、鷹司関白の後に、馬上の将軍家茂、水戸中納言、徳川慶喜らが続く。行列は内裏から下鴨神社を経て上鴨神社へと進められた。沿道の見物の人たちは、珍しいこの行列を拝見するために、近郷近在から多く参集して目を見張ったことであろう。天皇を中心として、多くの公卿衆、武家衆が供奉する様相を目のあたりにして、天皇と将軍の上下関係を視覚でとらえた人たちも多かったに違いない。

さらに、一ヵ月後の四月一一、一二日の両日にかけて、石清水社への行幸が行われた。ここは伊勢神宮につぐ高い格式の神社で、京と大坂をつなぐ戦略上の要地にあり、大坂湾に外国船が来襲することを想定すれば、行幸にはもちろん、攘夷親征のねらいが強くこめられていた。この地で天皇は攘夷を特命する標として節刀を将軍家茂に授与するという説が流れたこともあって、家茂は病気を理由に供奉を辞退した。

石清水社は京都盆地の西部（八幡市）、淀川左岸の男山（一四二・五メートル）に鎮座する。ここは御幸道を進むと、一の鳥居を入った右手に下院があり、この鳥居からは山路になる。このため乗用具は鳳輦から板輿に乗り替え、さらに急坂では腰輿に移って、本殿（上宮）に入っている。ここへの到着は夕刻になったため、攘夷祈願は行在所になっていた豊蔵坊において、通夜で行われた。将軍後見職の徳川慶喜は下痢のため、麓にとどまることになったという。

天皇の二回にわたる攘夷祈願の行幸は、尊王攘夷派には大きなはずみを与え、倒幕への動きを加速することにもなった。そして、四月二〇日には幕府は攘夷決行を五月一〇日と奏答するところまで追い込まれ、これを全国の諸藩へ通達した。さらに、七月一八日には攘夷派の廷臣や志士は、攘夷親征を建議し、大和行幸の実施を八月一三日に廟議で決定した。この計画はまず神武陵、春日に詣で、親征の軍議を行った上で、伊勢神宮に行幸するというものであった。

孝明天皇は攘夷の即行を無謀な挙とし、討幕へと一挙に突き進む情勢を深く憂慮して、中川宮に大和行幸の中止を謀らしめられた。これを受けて中川宮と薩摩、会津との提携が電光石火のごとく進み、長州藩や尊攘撃派公卿らの追放クーデター計画が進められた。そして、八月一八日の政変が成功し、中川宮と公武合体派の諸氏が参内して、大和行幸の延期、三条実美ら尊攘派公卿七名の都落ち、長州藩の宮門警固の解除と毛利慶親父子の入京禁止などが決定、実施された。天皇を取り巻く各派の抗争はこの後も激しさを増しながら、新しい動きが次々に出てくるのである。

明治天皇の行幸

明治新政府の設立において、天皇が果たした役割はきわめて大きい。東京への遷都とともに、日本各地をたびたび巡幸して、新しい時代のシンボルとして確固たる地位を築いていった。明治初期の輿に乗っての行幸を中心に、その実態を追ってみたい。

・大坂行幸

明治新政府軍は旧幕府軍を追って、大坂城を掌中に収めた。そのときに当たって、天下の人心を一新するために、大坂への遷都を断行すべきとの議論がもちあがった。これを強く主張したのが、参与の大久保利通で慶応四年二月に建白書を副総裁岩倉具視に提出した。国民が上下一体となるには、天皇が朝廷の御簾から出て、国民の「父母」といった役割を果たすことが必要であり、そのためには旧弊の残る京都からの遷都が必要であると述べた。この建議は廟議にかけられたが、反対者も多く大坂遷都は流れたが、折衷案が出て関東親征に先立って、まず大坂に行幸して、陸海軍を親閲するなどの案で落ちついた。同年四月一三日、天皇は公卿、百官、諸侯と諸藩兵など一六〇〇余人を率いて京都を出発した。行列は先陣・騎馬の加藤能登守をはじめ九侯と銃隊、御燈籠、御羽車、後陣に小出伊勢守英尚朝臣など八人が続き、錦御旗がひるがえり、岩倉侍従具綱朝臣らの公卿が続いた。次に、駕輿丁や供奉の者たち二〇〇余人に囲まれた葱華輦が進み、中山前大納言忠能卿と三条中納言実美卿が騎馬、今城宰相中将定国朝臣らが板輿で続いた。途中、石清水社に親拝して、一五日に大坂の本願寺掛所津村別院に入って行在所とした。そして、天保沖での諸艦の操練、大坂城中での薩長芸等諸藩兵の演習等を親閲して、四〇余日滞在して五月二九日に京都に還った。

・東幸

慶応四年八月四日、明治天皇の東幸が発表された。これに対し、東北諸藩との戦いが行われているし、維新の激動で庶民も疲弊しているなどで、時期早尚との反対論も強かった。なかでも平安以来都を守り続けてきた京都市民の反対は死活問題として切迫感がとくに高かった。しかし、早急な遷都論は強く、九月二〇日出発と決定されて準備が進められた。東北地方では幕府軍との戦乱が続いている時期であったので、道中は厳重な警備態勢をとるとともに、長州、土佐など六藩の藩兵二三〇〇人余が行列に加わることとなった。

東幸の通行経路になる尾張国へも、八月四日の仰出し以後、心得通達や事前調査など各種の指示が出されている。八月一九日には駅逓司から沿道の宿々に次のような心得を通達した。

一、行幸の東海道筋へ御道調べに、二三日に京都を出発して下向する。

一、御用の儀があるので、最寄府藩県の役人は大工、職人を連れて出向くこと。

一、行幸について諸伺届等ある者は、その節に差し出すこと。

一、旧弊に習う贈物、馳走がましきことをしてはいけない。万一押して出す輩があれば急度申し付けるべきこと。
一、伝馬所役人共、旧弊に泥み、不正の所行があったときは、正路に扱い駅郷一役が難儀にならぬようにすること。もし心得違いの者があるときは急度申し付けること。
一、下向従者の輩、旧弊の所行をしないよう急度申し付けるけれども、万一心得違いの輩があれば、その筋へ遠慮なく申し出ること。
一、休泊割付をしたが、御道調の模様により、前後に異同があり、差掛り止宿があっても心配取扱いいたすまじきこと。

極力旧弊を廃して実施したい御趣意を篤と心得、小前の者に至るまで申し聞かせて、不都合の起きないようにつとめることを強調している。八月二八日、出発予定は九月中旬、沿道の各藩主、重臣の奉迎については、城下境、重臣はそれより約一里の地に出張すること。献上品は領主のみ、国産一品とし、辻警固を厳にすることについて通達があった。

また、七〇歳以上、孝子、義僕、職業出精者、水難火災被害者の調査報告が指示された。佐屋代官所では、天皇の御行列に万が一にも不調法があっては藩主以下に面目が立たないので、地域の直接担当である代官は、事前に関係の村々の代表を集めて心得を説明して細心の注意を具体的に促した。

・この度の通輦を拝し、念仏を唱える者があっては、はなはだ不束《ふつつか》至極にて恐入る儀であるから、そのようなことのないよう村中の老若男女に一々親切に申し諭せ。

・桑名から上陸予定の焼田湊に船着き用の波止場、御仮屋などを建てるから、藁を一村当たり百束ずつと人夫を差し出すこと。

九月七日には駅逓司判事が来宿して、人足の入用数について、「前々日より御局方　三、四百人程、当日三千人程（佐屋街道の三宿より千人ずつ佐屋へ差し出すこと）、後日　因州兵隊、後々日御局方　三、四百人程」と予告されるなど、直前になるにしたがって京都からの検分役人が次々と到来し、各種の指示を受けながら日夜を分かたず準備が忙しく進められた。

・人足屯所は駅前最寄の天水湿の憂のない場所を見立てて、五、六ヵ所取り立て、湯茶を用意すること。

・増助郷は七万石申付。

・御膳所の用水は清水とすること。

・鳳輦安置の地は、見切板囲雨覆付で間口三間、奥行四間半とし、本陣近くの空閑地に設けること。

今回の行幸では、行在所としての本陣、神鏡を安置する内侍所、天皇の乗り物である鳳輦の置場としての鳳輦舎などの施設に特色があった。

九月一八日に中央からの御道調の再調査が終わり、九月二〇日地元の佐屋代官から次のようなお触れが村々へ伝えられた。

・僧尼、法体の者は奉拝を遠慮せよ。

・御道筋は、まき砂、水打ちし、砂ぼこりのたたぬように取り計え。

・当日前後は、火の元に念を入れ、高く煙を出さぬようにすること。焚火は相ならぬ。
・二階の窓は、戸を閉じよ。
・御道筋で、便所、墓場など見苦しいものは、すべてよしずを張って見えないようにせよ。
・門口の守り札を取り除き、石や瓦など高い所から落ちることのないように、手堅く手当てせよ。
・御道筋にあるのれん、看板は、残らず取り払え。
・御道筋の川筋堤、寺社等にある殺生停止などの制札などは取り除きおくこと。
・石塔や灯籠などはよしずで囲いおくこと。
・石鳥居や灯籠などは、材木で傾かぬように取り計いおくこと。
・葬式は前後三日間差し止め。葬具・そのほかけがれの品の持ち運びは相ならぬ。
・御通輦の筋は、寺院の門戸を閉じ、鐘楼は囲いおき、山門の額ははずし、難行・鐘・太鼓等、時の鐘のほかは鳴り物停止のこと。

など具体的事項が多く指示されている。御通輦が近づいているため、通達の内容も地元民との関係が深い日常的習俗に関することが中心となってきた。当日の拝観人への注意は、「沿道の近郷近在より鹵簿を拝せんとするは随意たらしむ。但し、道調員の指揮に従い、宿端又は広場に在りて拝礼し、混雑をなさざらしむ」とし、農商の職業も平常通り勤めてよいとのきわめて寛容な姿勢であった。

道中筋の休泊割が決定し、次のように通知された。

九月二六日　桑名から御舟渡

佐屋　御昼　　内侍所　陣屋　　行在所　本陣　加藤五左衛門
津島村　御野立　追分畑地
御小休　万場　　溝口友九郎　　内侍所　清左衛門畑地
砂子川、万場川、舟橋、御羽車、御鳳輦共御船渡し
二女子川　御野立　畑地
熱田　御泊　二七日御昼　　内侍所　八釼宮拝殿　　御拝所　熱田神前
　　　　　　　　　　　　　行在所　尾州浜屋敷　　鳳輦舎　同所筋向い側
　御小休　八町畷（図33）
戸部村　御野立
鳴海　御泊　行在所　本陣下郷良之助

前日には、助郷人足が清須代官所管内の村々から七九二人、小牧代官所管内から二六六人が佐屋宿の近隣の村に到着し、分宿して当日に備えた。

当日の佐屋行在所の御休輦の文書には「百二十三代　今上皇帝　孝明天皇皇子　御母准后御方　中山中納言御息女」と五行にわたって天皇を表現している。

明治元年九月二〇日午前八時、一八歳の若き天皇は紫宸殿に出御、鳳輦に乗御し、三種の神器の一つである内侍所《ないしどころ》（神鏡）を奉じて建礼門を出た。供奉は輔担岩倉具視、議定中山忠能らが衣冠・狩衣・直垂に威儀を正して供奉する三三〇〇人余の大行列であった。皇太后、堂上、在京諸侯などの見

送るなかを出立した。沿道は老若男女であふれ拍手を打って拝む人たちの音が絶えなかったという。

天台宗門跡の青蓮院で小休止して昼食をとり、天皇は遠出用の板輿に乗り換えて出立し、午後三時に大津の行在所へ入った。そして、翌日ここを出立して、東海道を東京めざして順調に進んだ。

二六日午前七時に一行は桑名行在所を発せられ、桑名湊で尾張藩さし向けの御召船白鳥丸に乗船された。この御座船は三〇挺立、惣長一二間二尺（二五メートル）、御座の間小畳五畳、次の間六畳で御船人一〇人が乗り込んで航行の任に当たった。航海での御退屈を慰めんとして、謡組の者が「歌人」

図 33 「明治天皇八丁畷覧穫之図」（文献 57）

「おうむがえし」などの歌謡を奏上した。御召船の前後を数百艘の船が、お供や警護の人を乗せて佐屋川を遡行し始めた。砂がたまりやすい佐屋川は、今日にそなえて前もって川ざらいをしていたが、御召船は格別大きく、その上大勢乗り込んだので、佐屋川をのぼり始めると船底が砂に当たって動かなくなった。そこで、急遽近隣の村々から砂ざらえに四〇〇〇人程召集されて作業した。このかいあって白鳥丸は航行でき、予定より遅れて午後二時ころに焼田に御上陸できた。それから堤防道を進んで佐屋宿へ入り、本陣でおそめの昼食となった。内侍所は御殿跡に、御鳳輦置場は本陣近くの右衛門の表に設けられた。尾張藩から重臣石河佐渡守らがここに奉迎した。

そして出立。佐屋街道の神守駅（愛知県津島市）と万場宿（名古屋市）で小休止。ここで行列を記録した御用留をみると、図34のようである。前衛に長州藩や大洲藩などの諸藩の兵隊が警護し、神鏡を乗せた御羽車が駕輿丁の指揮、六人の警衛士の警護のもとに駕輿丁たちに担がれて進む。辛櫃《からひつ》・簀《さく》薦《せん》・衣櫃などの荷が続き、次に清閑寺中納言、飛鳥井大納言、木戸孝允、中山忠能、岩倉具視などの新政府高官が供奉し、前後を多数の従者に囲まれた鳳輦が四人の駕輿丁長の指揮のもとに二四人の八瀬童子の駕輿丁たちに担がれてしずしずと進む。後に雨皮・脚立・板輿・簀薦・草鞋・御馬・沓籠・長棹・薬籠・衣櫃茶湯櫃などの荷物が続き、医者・馬医も加わっている。後衛に広幡内大臣、三条西大納言らが供奉し、長州、備前の兵隊が続き、池田侍従、鹿沼藩主池田徳澄が最後をしめている。

この行列は約一六二三人、これに兵卒、人足を加え、計三三四九人であったという。そしてこれに、長持三八七棹、乗馬四〇疋、乗駕四〇丁、分持三二一荷、玉薬一六〇棹が附属する大行列であった。

臨機御列外
岩倉輔相具視 従者 従者
千種中将有任 従者 従者
高野少将保建 従者 従者
石田左兵衛尉 従者 従者
堤右京大夫 従者 従者
堀川新三位康隆 従者 従者
小野右兵衛少尉政醇 従者 従者
高屋修理大進 従者 従者
岸大路左近将曹持慎 従者 従者
小林右馬大允芳秀 従者 従者
鳳輦 駕輿丁長四人
水口左近将曹（身人部清俊） 従者 従者
廣瀬筑前介信晃 従者 従者
高辻少納言 従者 従者
長谷美濃権介 従者 従者
藤林右兵衛権大尉重慶 従者 従者
雨皮
呉床 呉床
河野宮内大録 従者 従者
簀薦 二人
調子左府生 従者 従者
壬生官務輔世 従者 従者 従者
大原大宰大典 従者 従者
長瀬上總大掾 従者 従者
調子左近将曹 従者 従者
中神右兵衛少尉 従者 従者
御板輿
座田内舎人 従者 従者
雨皮
呉床 呉床
坪田右衛門権少尉 従者 従者
簀薦
三上右近府生 従者 従者
御草鞋
山田右膳元敏
山中中務永忠
御鞍置
御馬
詰使番 日付 仕丁
下乗 日付
御鞭 詰使番
御鞭 詰使番

図34　東幸鹵列次（文献57）

万場川渡船場へ前藩主徳川慶勝とその子で藩主の義宜が奉迎した。慶勝は小隊を率いて前駆となり、義宜は後衛となって鳳輦に扈従して熱田へ向かった。そして、午後八時、熱田駅西浜屋敷に到着した。内侍所は八剱宮拝殿、御拝所は熱田神前、鳳輦舎は西浜屋敷筋向かいにそれぞれ設けられた。この日慶勝は陶鶏一雙、義宜と成瀬正肥は生鯛を献上した。天皇は慶勝の明治維新における功労を賞され、御下襲《したがさね》（束帯のとき、半臂《はっぴ》の下に着るもの）一領を、義宜には酒五樽、鑑節一〇〇本を贈った。

二七日午前八時、宿舎を御発輦、熱田神宮を参拝された。また、植松少将を代拝として、摂社高座神社など九社に派遣し、幣帛料と榊を奉った。これは沿道の式内神社に神祇官判事を勅使として奉る一環であった。

熱田駅において、天皇から慶勝に御沙汰書を賜った。それには、

今般御東幸遊ばされ候については、将来治民経国の政体、深く御苦慮ありなされ候に付、心附の廉これあり候はば、親しく聞こし召され度候間、伏臓なく充分申し出るべき候事

追って、即今当国御通輦の間、農民の煩に相成らす便宜の地これあり候はば、暫く鳳駕を駐なされ、収穫の状叡覧遊ばされ度に付、稼穡《かしょく》の難難、有体知食され候様取り計うべき事

とあり、これを受けて、熱田駅の東二〇〇〇メートル余の八丁畷《なわて》（名古屋市瑞穂区神穂通）に準備して、農民が新穀を刈り取り、脱穀して俵装する様子を天覧することになった。田んぼ近くの松樹の蔭に鳳

て、

輦を駐められた。岩倉輔相が農民から稲穂を手づから取って、これを天覧に供す。慶勝は和歌を作り

かしこきや　その草薙の御剣も　いてます道の守りなりけり

また、義宜の献詠は、

かりし穂の　すくなき見れば哀れなり　大御《おおみ》たからの心やいかに

であった。天覧が終わって、農事を勤めた農民に、菊の焼印をおした饅頭を下賜して、その労を慰められた。こうした稲穂の天覧は石部駅（滋賀県湖南市）でも行われている。

これより、戸部村（名古屋市南区）で御小休し、ここから板輿に乗り替えて進み、慶勝父子は兵隊を率いて警護しながら、午後五時ごろ鳴海駅の本陣下郷良之助方へ到着した。

東幸についての通達の中で、庶民を綏撫（やすんじていたわること）、篤行家褒賞や賑給（ほどこし与える）など天皇・聖徳の配慮をうかがえるものが多い。褒賞の例では、海東郡佐屋村治郎吉は、

其方儀、従来心懸厚く、父勝右衛門へ孝養の聞えこれあり。奇特の事に候、これにより御褒美なし金千疋下賜事

のように弁官から表せられている。このほかには、

・後家の養女の孝養を賞して　金千疋

・職業を誠実に出精したとして　金三百疋
・母に孝養を尽くし、かつ農業に励み、余暇には読書に志したとして　金二千疋
・性質篤実にして、常に善く親につかえ、かつ家業を励みたるの賞として　金千疋
・召使いの三〇年間の忠勤を賞して　金千疋
などの功績によって、尾張国では二〇人が褒賞を受けている。また、長寿者への賑給として、七〇歳代一〇五六人に二〇〇文、八〇歳代一四〇人に三〇〇文、九〇歳代八人に五〇〇文が下賜された。なお、当時の米の価値は五升で三〇〇疋（三〇〇〇文）であったので、思わぬおだちんとして喜びもひとしおではなかったかと思われる。

東幸の道すがら、沿道の式内社三三社に勅使を送って幣帛料を奉献し、各地の孝子、節婦一五二人を褒賞し、かつ七〇歳以上の高齢者一万三九八人に御賑恤の沙汰を与えた。さらに水災などの禍に悩める者一万一八〇七人に金品を下賜された。これらの金額の総計は一万一三七〇両の多額に及んでいる。

行列は東に進むこと二二日目の一〇月一二日に品川駅に無事到着した。翌一三日午前七時、天皇は板輿に乗って出発。東征大総督熾仁《たるひと》親王、鎮将三条実美、東京府知事烏丸光徳らが品川に奉迎して先導した。芝増上寺で小休止し、天皇は鳳輦に乗り換えて江戸城へ向かった。天皇に供奉する親王、公卿、諸侯は衣冠帯剣、三等以上の徴士は直垂帯剣でいずれも騎馬であった。累々たる老若男女が路端に堵列し、右京の役人、諸侯が坂下門外等に列をなして迎えるなか、楽士が管弦を奏して先導しなが

ら行列は進んだ。九代目市川団十郎の門弟で当時八歳の市川中車は、後年当日の様子を次のように綴っている。

前々からお布令がありまして、行幸の御道筋は塵一つなく掃き清められ、家々の戸の隙間はのぞき見のならぬように目ばりいたし、土地の人々はことごとく土下座して、鹵簿の御通過をお待ち申しておりますと、やがてのこと、調練の太鼓の音がだんだん近く聞こえて、はるかの森陰から「下に居ろう、下に居ろう」の声、ほどなく青竹の棒を持った露払いが見えますと、何ともいえない荘厳な気が満ちて、自然に頭が下がってしまいました。それからがいよいよ御行列で、馬に乗った立派な方々の周囲には、筒袖の着物に義経袴のこしらえ、またはダンブクロを穿《は》いたお侍が取り巻いて通ります。次に太鼓と笛の兵隊さんなど、おびただしい人数が行き過ぎました後、錦の御旗が風にひらひらと輝きながら、いとも静粛に捧げられて参りますと、拝観の人々はいっせいに、ポンポンと拍手を打って拝みました。私もこの神々しい御旗を拝しましたときには、目のさめるような紅地に、金の刺繡が陽の光にきらめいて、まぶしいような心持ちがしましたので、子供ながら人様を学んで手拍子を打って、ていねいにおじぎをいたしました。なお、引き続いて騎馬のお侍がたと、さらに、お公卿風の方々が続いた後、警蹕《けいひつ》の声に入りましたので、恐る恐るそちらのほうを望みますと、御輿《おんこし》のお屋根を飾る鳳凰《ほうおう》が、晴れ渡った青空の中に浮かび上がって、これもまた金色の光、燦然として御威風はまったく四辺を払うばかり。私は体中が引きしまるように感じて、思わず頭を大地にすりつけてしまいましたが、周囲は寂として咳《せき》一つする者もありませんでした。

そのうちに、運びの揃った足音が近づきましたのを、謹んで見上げ申しますと、素木《しらき》の御輿に掛けられました、御簾《ぎょれん》の下を少しだけ巻き上げた中には、畏《おそ》れ多くも玉体のあらせられますのがうかがわれ、輿丁《よてい》は片側一二人が素足に草鞋《わらじ》ばき、しずしずと御通御《ごつうぎょ》の有様に、ただもう私は上から頭を圧しつけられたように、身をひれ伏して最敬礼いたしました。ほど経て心付いて見ますと、まだ侍衆や兵隊さんの列が続いていて、その後からは御物《ぎょぶつ》の類《たぐい》が荷われて行くのが終わりでした。

東海道を進む行列図は版画、絵画、外国新聞の挿絵等がいくつかあり、実景を読み取ることができる（図35）。鳳輦を担ぐ八瀬童子は片側一二人ずつの二四人で一結である。宿割の資料によると、駕輿丁は一一〇人、雨皮、脚立持等の輿に関係する道具持ちが五〇人の計一六〇人が八軒に分かれて休憩している。これでみると、鳳輦、板輿、羽車二挺と道具類を三～四組の手代わりで担当していたと考えられる。

この一行には乗駕が四〇挺使われていたというから、公卿や武家で乗輿した場合は、それぞれの主人の供の中に、陸尺が数人入って担当していた。例えば、藤丸氏の場合は、御差添使番、小者が各二人、役人、押仕丁、下部が各一人、陸尺六人の計一三人が供であった。

図 35　天皇東幸「東京府呉服橋南通遠景之図」（文献 60）

東幸の一行は、和田倉門から午後二時ごろ江戸城西の丸に入った。江戸湾の外国艦船は、品川と増上寺発、江戸城御着に際し、三度の祝砲を放って敬意を表している。内侍所は、山里の社殿に奉安し、ここにおいて、江戸城を皇居とし、東京城と改められた。

一一月一四日、天皇は東京行幸の祝いとして、酒二九〇〇樽、錫瓶子（徳利）五五〇本、するめ一七〇〇把を下賜された。東京市民は二日間にわたって家業を休んで歓を尽くす者が多くあったという。

この後も、東京と京都の間を輿に乗って往来する行事が続いている。その主なものは、

・還幸　明治元年一二月八日東京発——同二二日京都着
・再幸　同二年三月七日京都発——同二八日東京着
・皇后行啓　同二年一〇月五日京都発——同二四日東京着
・皇太后行啓　同四年三月二二日京都発——四月一一日東京着

であり、還幸は鳳輦を東京にとどめ、供奉行列は半減して簡易の行装であった。とはいっても、事前の諸準備から当日の対応は、東幸の場合と同様であり、細心の注意を払って万全を期すことに変わりはなかった。東京を日本の首都にすることが正式に決まり、天皇は東京へ移られることになり、再幸が実施され、続いて皇后、皇太后も東京へ移られた。

戊辰戦争が終わり、明治新政権が安定してくると、天皇の姿を国民にどのように示すかが大きな課題であった。そこで企画されたのが「地方巡幸」である。官庁、学校、軍隊、社寺などの訪問のほかに、古代天皇の「国見《くにみ》」になぞらえ、行く先で、地域の産業、物産、宝物などの「天覧」が行われた。

第一回、明治五年の近畿、中国、四国、九州の西国巡幸では、艦船による移動が大半で、陸上は輿、馬、徒歩が必要に応じて使われた。皇居からの出発は騎馬で品川まで進み、見せる天皇の形態が実施された。次の明治九年奥羽、北海道巡幸では馬車が主要交通手段として導入された。馬車で通行困難なところでは板輿や馬が使われた。これもあやうい碓水峠などでは徒歩によることもあった。行幸の権威づけには鳳輦に代わって、高級馬車、紅色に菊の紋章のあざやかな天皇旗、金モールで飾った近衛騎兵などであった。これ以後の地方巡幸の天皇の乗用具は馬車中心の時代が続いた。やがて、国内の鉄道建設が進むにつれて、御料車による移動が多くなり、その後自動車も導入されるのである。

明治時代に入って西洋文明が積極的に導入されるようになっても、天皇や高貴な人たちの移動手段は輿が使用された。天皇は神秘的な存在であり、御所の壁の内に隠されていて、庶民には非視覚的存在であった。また、公式行事でも高座に座して、自らは歩かないことが原則であり、これは中国の皇帝と同様であった。東幸での天皇は終始、鳳輦の御簾の内にあって、沿道の庶民が顔を見ることはできなかった。しかし、その後はヨーロッパの君主のように「見せる天皇」へと転換し、西洋化した服装、馬車、行列構成によってそこに権威と慈愛に満ちた父親像が出るように企画されていく。

西洋文明の導入が急速に進んだものの、馬車が通れる道路は、大都市の限られた地域だけで、全国の道路網は、歩く道がほとんどで、轍に耐えられる道幅と路面構造になっているところはきわめて少なかった。明治初期になお輿が使われ続けたのは、道路事情の影響が大きかったといえる。

行幸時の天皇の陸上移動手段の変遷をみると、古代から明治元年の東幸までは、ひたすら輿であり、明治五年の西国巡幸に騎馬がごく一部使われ、同九年の奥羽巡幸で馬車が主要乗用具になった。明治五年に新橋で鉄道に試乗したのを契機に、その後は、鉄道と自動車の時代に移っていき、新時代にふさわしい新しい乗り物への転換が進められた。

二　斎王群行と斎王代

斎王は、天皇に代わって、天皇家の祖先神を祀る伊勢神宮に仕える未婚の内親王（皇女）または女《によ》王《おう》（皇孫以下の皇族）のことである。そして、律令国家の頂点に立つ天皇から、名代として伊勢神宮での国家祭祀の権威を託された。この伊勢斎宮の創始は天武天皇朝（六七三〜六八六）であるといわれる。

斎王に選ばれた皇女は、まず自邸で潔斎生活を始める。そして、宮城内に設けられた初斎院（忌み場）へ移り、ここで一年間の斎戒生活の後、宮城外に設けられた野宮に移る。ここでさらに一年余の潔斎生活を送り、卜定後三年目の九月上旬吉日に、数百人の官人官女を従えて、伊勢斎宮に向けて群行した。伊勢では、伊勢神宮の三節祭に参向して祭祀に奉仕した。そして、斎王の解任は天皇の譲位、崩御、近親者の死去、斎王本人の病気などの事由によって行われ、帰京の途についた。

斎王群行

平安時代に斎王の制度が確立した時期における斎王群行の経過はおよそ次のようである。

群行が予定されている年の四月上旬、装束司が任命されて、斎王の輿や馬の鞍などの諸物品の準備が始められる。さらに、斎宮の事務を統括する斎宮寮の官人と神事担当の斎宮主神司、その他の諸司が任命される。いよいよ間近になると、斎王を見送る送斎内親王使（勅使）や伊勢まで送り届ける役の警察権を持つ監送使（長奏送使）が任命される。そして、八月晦日には宮城の建礼門前などで群行のものものしい警備体制がしかれていた。そして、九月の伊勢神宮の神嘗祭に合わせて都を旅立つのである。

以上から奈良時代の斎王行列の特色をまとめてみると、①五位の王の輿長が前後に二人ずつ従駕している。②輿は王家の者に周囲を守られ、天皇に奉仕する舎人によって担がれている。③行列は壮麗で、百官が随行、衛士が沿道を厳重に固める国家的行事の様相であり、天皇に準じた盛大な扱いであったことがうかがわれる。

榎村寛之『伊勢斎宮の歴史と文化』の中の「政事要略」所引の養老五年（七二一）の斎王就任史料から、その行列の構成および奈良時代の斎宮行列の特色についてみてみたい。記されているのは、皇太子首親王の娘、井上女王を新斎王として、北池辺新宮に移るときの次第である。

行列はまず、右大臣長屋王が参議以上と侍従・孫王を率いて斎王の前に従う。次に、内侍二人が女孺数十人を率いて続く。そして、乳母二人が小女子一〇人余りを領して輿を囲んで従う。斎王は葱花輦に乗っていること、貴族は斎王の輿より前に従駕していることがわかる。さらに、中臣役をつとめる正六位と忌部役の従七位の官臣が道々での祭祀を行うため輿の前を行く。輿を担ぐのは左右大舎人六人で、青摺布衣を着ている。輿長は輿の前が正五位下葛城王と従五位下佐為王、後は従五位上桜井王ら二人である。いずれも有力な王族が、斎王の輿に近侍していたことに注目したい。

平安時代の輿を担ぐ人は、駕輿丁と呼ばれる専門職が担当していたが、奈良時代のここでは大舎人である。この人たちは令制で、中務《なかつかさ》省大舎人寮に属し、宮中で宿直および供奉などを掌った職である。そして、従五位の石上氏と榎井氏の二人が前後にそれぞれ内舎人八人を率いて従う。この二人は天皇即位や大嘗祭のときに、椎桙を立てる氏族である。楯は宮城の悪魔祓いの儀礼であるので、この二人には悪しき精霊を退ける物部氏と同様の役目があったが、これが斎王にも適用されたものであろう。

以上から、斎王の行列構成をみると、①大臣に率いられた貴族たち、②天皇に仕える女官たち、③斎王に仕える直属の乳母以下の女たち、④祓を司る中臣と忌部氏、⑤行列を悪しきものから守る物部系の氏族、⑥輿を守る王族と内舎人、これを担ぐ大舎人といった聖・俗入りまじったものであった。さらに、宮門から北池辺新宮の斎宮に至る沿道の両側は、左右の衛士が陣を立てる直前の大祓いを行って、当日にそなえたのである。

群行は九月上旬の吉日が選ばれ、当日斎王は野宮を輿に乗って出発した。西河（葛野《かどの》川＝桂川）で禊を終えて、天皇が待つ平安京へ向かう。天皇は斎王が西河へ到着した知らせがあると、葱華輦で八省院の小安殿に入り、帛《はく》の装束（白絹の神事装束）に着替える。斎王が平安宮に到着すると、大極殿に移御して天皇の座に着いた。このとき、天皇は白装束で、平床に東を向いて着座した。通常の儀式では、金色の衣装で南を向いて高御座に座るのであるが、この発遣儀式は異例であった。そして、伊勢神宮の神嘗祭に捧げる御幣に両度再拝（最もていねいな拝礼作法）を終えると、蔵人（秘書官）に仰せて、斎王の入場を促した。斎王は斎宮寮頭、内侍、乳母、童女らを従えて進み、大極殿北面の東階段で輿から降りた。このとき童女たちが行障《ぎょうしょう》（または几帳《きちょう》）を持参し、輿を降りる際にこれを立てて斎王の姿を隠した。斎王が座に着くと、両宮への御幣が忌部氏に渡され、中臣氏に斎王派遣を神に奏上する勅が授けられる。この二人が退出すると、天皇は斎王と対面し、「別れのお櫛」といわれるクライマックスをむかえる。天皇が斎王を近くに来させて、自らの手で斎王の額に櫛を挿して、「都のほうに赴《おもむ》き給ふな」と別れの言葉を告げた。「都に顔を向けずに真っすぐ行け」と理解できる言葉で、斎王は東を向いて天皇のほうを振り返ることなく輿に乗って、そのまま都を離れていくのである。

この発遣の儀式は、斎王が天皇の代行者として国家祭祀に携わる資格を付与する証しとして櫛が授与され、一人前になって伊勢神宮で天皇の祭祀権の一部を司ること認める重要な機会であったといえる。

大極殿を出る斎王の輿は待機していた長奉送使、送斎内親王使をはじめ諸官人・官女など五〇〇人余を従えて平安京を出るのは深夜になっていた。

群行の道中

平安京を出発し、京極（白河）まで送斎内親王使や諸官人が見送りに随行し、さらに逢坂まで供奉する官人もあり、その後は伊勢まで向かう一行に限定された。乗用具は男性と女官は馬、女房たちは網代車の牛車に分乗し、斎王は輿で、あとは徒歩であった。斎王の輿がどの種類であったかの文献史料は見当たらないが、天皇の代行者とすれば、神事や臨時の行幸などによく使われる葱華輦ではなかったかと考えられる。「延喜斎宮式」で斎王の乗り物をみると、初斎院入り前の御禊には牛車、野宮入り前の御禊には輿、そして、群行には輿と腰輿を装束使が造備するように規定されている。また、「中右記部類」には、斎王の発遣儀式の間、大極殿に待機していた乗用具は、「御輿」のほかに「要輿」が相従していたとの記述がある。要輿は腰輿のことであり、斎王の乗っている輿の近くに従って行き、群行途中の峠や険しい山路などでは、小型で軽量の腰輿に乗り替えて進んだのであろう。

群行路には、近江の勢多をはじめ五ヵ所に宿泊施設である頓宮が設けられ、図36のような経路で五泊六日の行程であった。頓宮の造営や群行に対する案内、人夫、馬、酒食などの供給は、それぞれの国司が調達する定めであった。

長暦二年（一〇三八）の後朱雀朝斎王良子《ながこ》内親王（一〇歳）の群行を、斎宮勅別当として同行した藤原資房の日記「春記」からみると、九月二三日に出立。乗用具は男性は馬、女官も馬、斎王は輿、女房は牛車（五輛の網代車）、あとは徒歩である。斎王の一行は二条大路から深夜の山科を越えて、近江国に入り、国境などで禊を行って小雨の中を二四日午前四時ごろ勢多頓宮に到着している。ここで、

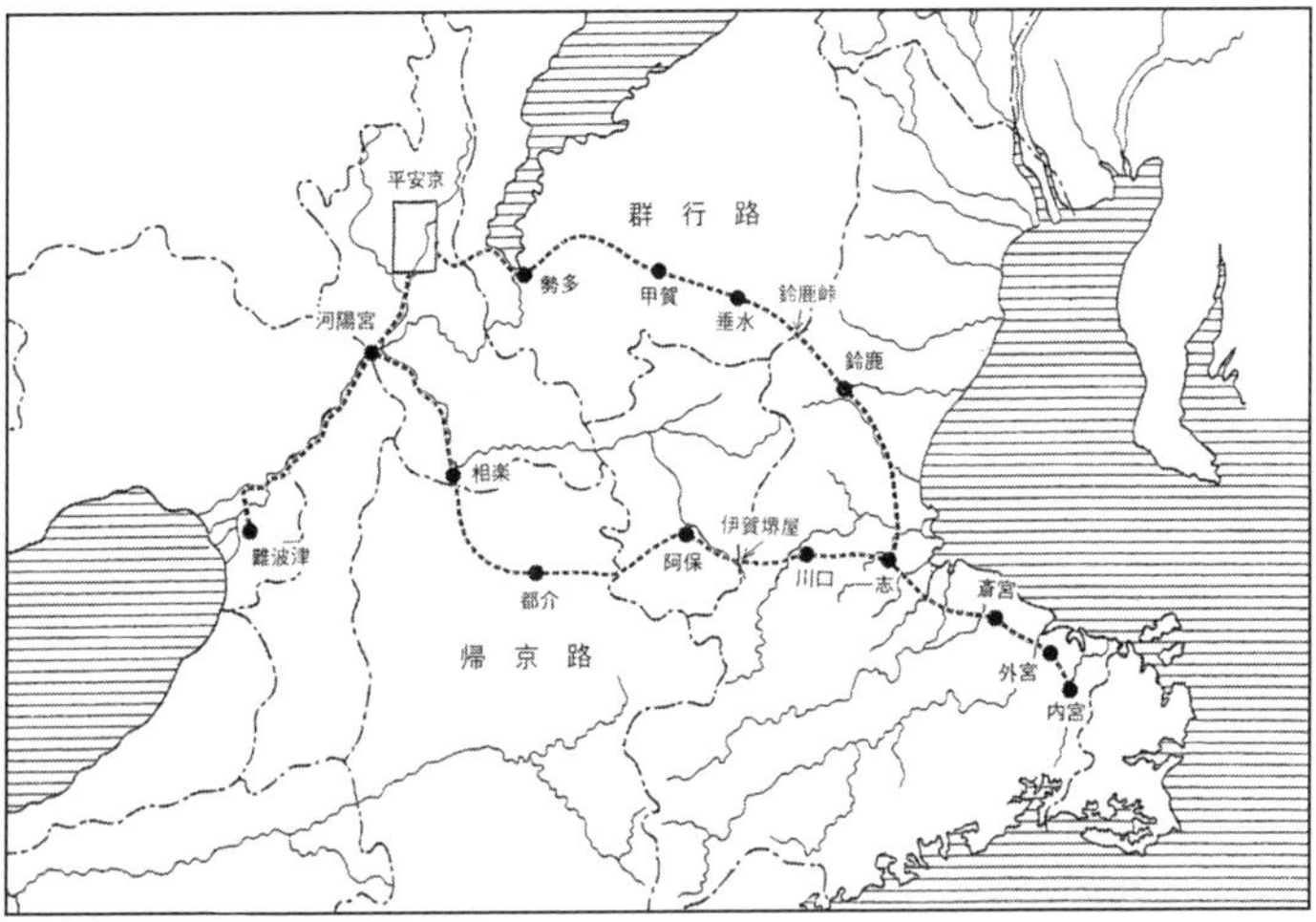

図36　斎王群行と伊勢への旅（文献61）

近江国司の手配によって、斎王の輿を担いできた駕輿丁たち一行に食が給され、酒肴のもてなしがされた。翌日は東海道を東へ進んで、甲賀頓宮に宿泊。次の垂水頓宮は黒木で造られた立派な施設で、饗応も豪華なものであったという。四日目の二六日は午前八時ごろ垂水を出発し、一〇時ごろ鈴鹿の険しい山路に入った。急な斜面の細い山道に横板を渡して幅を広げた「桟道」がつくられているところもあって、馬は危険なので下りなくてはならず、牛車はまったくなす術がなく、屈強な護衛の検非違使たちが支えないと通れないという。さらに、斎王は輿であるから、腰輿に乗り換え、駕輿丁を増員して慎重に進んだに違いない。乗るほうも担ぐほうも肝を冷やしたことであろう。

斎王は正午ごろ、山中で禊を行い、午後二時ごろには国境でも禊を行った。ここには伊勢国司が用意した湯殿があったという。そして、午後八時ごろに斎王は鈴鹿頓宮に到着、鈴鹿峠で難渋した女房たちの乗った牛車は二時間遅れの午後一〇時になってようやく着いている。途中難所があったため下車して馬で来た者もあったという。斎王も「御輿の中は最も恐ろしく思われたということだ」との記述があり、難渋したことが読み取れる。鈴鹿峠の道は、阿須羽道と呼ばれ、開通したのは仁和二年（八八六）である。「あすは」の古語の意味は、「がけのくずれたところの山の端を行くみち」であり、箱根とならぶ天下の嶮として、長く交通の難所となってきたところである。平安時代に、おびただしい人馬と牛車や輿とともに斎宮寮での生活に必要な調度類まで多くの荷物を運ぶのは相当な困難をともなったといえる。それにしても、牛車が五輛も何とか通れたのである。

二七日に鈴鹿を出発して、一志頓宮に入っている。伊勢国での供給は貧弱で、何かと欠乏しがちであったという。そして、二八日にここを出発し、途中の小河、飯高川、櫛田川で禊を行って斎宮に到着した。しかし、日次がよくないという理由で、斎王は御座所（内院）には入らず、勅使の房に宿泊し、翌日になって南門から入っている。この群行は五泊六日のゆったりした旅程であったが、今なら車で三時間半程度の距離である。群行は禊を繰り返し、徒歩を主体にしてゆっくりと進む行列であった。

伊勢斎宮でのつとめ

斎宮は斎王の代替わりごとに殿舎が造営された。普段はここに籠って、多くの官人官女にかしずかれて清浄な生活を送っていた。重要な任務は天皇から国家祭祀の権限を託され、神の「御杖代」とな

図37　「斎内親王参宮図」（文献61）

って伊勢神宮に奉仕することである。一二キロメートルほど離れた伊勢神宮へは、六月、九月の月次祭と九月の神嘗祭の祭祀に出向いた。神嘗祭は収穫祭であり、斎王はまず八月晦日に尾野湊で禊をする。九月一五日離宮院に入り、翌日は外宮、一七日に内宮の祭に奉仕してそれぞれ離宮に戻る。斎宮へは一八日に帰るのである。斎内親王参宮図（図37）をみると、雑色と騎馬の官人に先導され、優雅な造りの棟立輿に乗った斎王が多くの臣下と騎馬に囲まれて進んでいる。その後ろには牛車と騎馬の一団、各種の荷物が続いている。ざっと六〇人ほどの一行である。伊勢神宮には一回が三泊四日の旅程であるので、年間九泊一二日だけ逗留したのである。

帰　京

斎王が解任されて、都に帰るのは、天皇の交代、身内の不幸、本人の病気などに限られた。経路は来た道である近江路を戻るのであるが、凶事のときは伊賀国、大和国を通るルートを使うことになっていた。そして、どちらのルートも直接平安京に入るのではなく、山崎国府に置かれたといわれる河原宮を経由して、難波津に立ち寄った後、京へ帰ったのである。難波では船で海岸線に沿って巡り、三カ所で海に入ってフィナーレの禊をするのである。これは斎王が神に仕える女性から普通の内親王に戻る「再生」の儀式であり、神性を海の果ての神の世界へ送り返すものであるといわれている。

喜承二年（一一〇七）堀河朝斎王善子《よしこ》内親王の帰京に際し、沿道の諸国や関係官庁に出された準備の指示をみると、山城国には相楽頓宮の造備、擔夫《たんぷ》（荷物運搬人夫）、供給用の米一一四石、雑器など、大和国には都祁行宮（頓宮）の造備、路橋、供給、擔夫、雑器など、河内国には難波御祓御所や雑舎の準備、饗餞《きようせん》、擔夫、雑物など、伊賀国には川口行宮や国境の堺屋の造備、供給、擔夫、白木の輦輿と腰輿、雑器など、伊賀国には一志河口行宮の造備、路橋、供給、雑物など、近江国には夫、馬、斎宮寮には熟食、肥馬、陪従男女女官、伊勢神宮には路橋、左右衛門府には駕輿丁の準備が課されている。

帰京の準備が整うと、奉迎斎内親王使が派遣され、これには近江（あるいは伊賀）と伊勢の国境まで出迎えるものと、斎王の衣服や輦輿を携えて斎宮まで赴くものがあった。「西宮記」には伊賀と伊勢の国境の「伊賀堺屋」における堺祭の記事があり、神祇官によって斎宮寮官人の解任が行われ、堺まで使用されてきた斎王の輿と衣服が、主神司の中臣氏と忌部氏に下賜され、斎王は伊賀国で用意された新しい輿に乗り換えたことや御服唐櫃が谷に棄てられたことがわかる。こうしてみると、斎王は内院からの下座、帰路での禊、国境での堺祭、難波津での禊などを経て、次第に聖性から脱却し、皇女の身位に戻っていったといえる。

長寛三年（一一六五）六月、二条朝の斎王好子内親王は、天皇の譲位により退下、一二月一九日に出立している。天皇が譲位後まもなく、崩御したためか、帰路は凶路の伊賀路であった。一行は午後六時ごろ斎宮を出発し午後一〇時ごろ一志駅家《いちしうまや》に到着した。二〇日の正午ごろ、ここを出発し、二一日暁に伊勢河口駅家に到着したが、接待は万事不具だったため、正午ごろに出発、午後八時ごろに伊賀山中で一宿するという前代未聞の事態となった。また、国境において規定により伊賀国が遣わした輿は散々に引き破られ、薪を結び合わせたような無残なものであったという。また、酒食の供給もなく、嶮岨な山路を十分な休憩もなく進まねばならなかった。二二日には伊賀河口駅家（阿保）に到着したが、伊賀の在庁官人の出迎なく、さらに進んで伊賀神部（神戸）で宿泊した。こうした惨状に一八歳の斎王は涕泣したという。以後も苦難の旅が続き、平安時代末期には、朝廷の権威によって沿道諸国の群行、帰京のための頓宮造営や供給が行われることが、容易でなくなっている状況が読み取れる。

中世に入って朝廷の力が衰えると、伊勢神宮の国家神としての性格は変容し、仏僧による参宮や民衆信仰の社へと転換していく。かくて、鎌倉時代後期には斎王群行が途絶え、南北朝時代には、斎王制度は約六六〇年間続き、六〇人余の斎王の名を残して、廃絶することになった。斎王群行の道筋は、民衆が行き交う参宮街道として新たな繁栄をすることになったのである。

また、朝廷は伊勢神宮の神嘗祭に、幣帛奉献のために伊勢例幣使を毎年九月一一日に発遣していた。『三代実録』貞観一三年（八七一）に例幣と称していた記載がみられる。例幣使は五位以上の諸氏の中から卜食をもって定め、中臣、忌部、卜部を副従させた。宮中でも大嘗会由奉幣につぐ重要行事とされ、幣使発遣の儀は太極殿などで天皇出御のもとで行われ、幣帛ならびに宣命が授けられた。例幣使は九月一一日に京都を輿で出発し、一四日に伊勢離宮院に到着、一五日夕刻から一七日まで外宮、次いで内宮の祭儀を執行し、二〇日に帰京して復命するのが例であった。

その後、天皇親臨の儀は平安時代末期に廃止され、例幣使の発遣は応仁年間(一四六七～一四六九)以降中絶したが、江戸時代の正保四年(一六四七)に復活して明治維新まで継続されている。

賀茂斎院

九世紀初め、嵯峨天皇は平安京に加茂斎院を創設した。平安京にあって王権を守護するために、地方神であった賀茂社を王城鎮護の神とした。加茂斎院は天皇に代わって王権を護る任務を帯び、伊勢斎宮と同様な意味がこめられたのである。初代斎院には嵯峨天皇の第二皇女有智子《うちこ》内親王が卜《ぼく》定された。選定されると宮城内の初斎院で一年間斎戒生活を送り、その後賀茂川で禊をして紫野斎院に入った。以後はここで忌詞を用い、清浄を保ちながら賀茂祭や斎院内の祭祀に奉仕した。

九世紀前半は伊勢斎宮と賀茂斎院は同じような地位であったが、清和天皇のころから斎院のほうが高貴な皇女が選ばれるようになった。都から遠く離れた伊勢よりは、都にとどまる斎院のほうが重んじられたのである。これは、平安京に生活する天皇や貴族が地方は国司に一任する王朝国家体制の確立と関係すると考えられる。首都の平安京が全国の頂点として機能するようになったのである。

斎院が都の人たちの前に登場するのは賀茂祭(葵祭)での路頭行列である。この祭は賀茂別雷神社(上賀茂神社)と賀茂御祖神社(下鴨神社)の祭礼で、この起こりは欽明帝(五五五～五八一)のころと古い。五月一五日の祭儀に先立って、禊祓いの儀が御手洗川のほとりで行われて当日にそなえる。現在の祭の中心である斎王代は京都の未婚女性が選ばれて、輿に乗って行列に加わる。

葵まつりの当日は、まず宮中の儀が京都御所で行われ、勅使以下が参集して、御祭文、御幣物を拝受する。ついで、勅使・奉幣使が賀茂社へ参向する路頭の儀が華麗な行列で展開され、下鴨神社へ入って社頭の儀が行われる。

行列の次第は、検非違使の一群の先導で進み、勅使が乗馬で行き、牛車を従えている。そして、本列の最後に御祭文を捧持する内蔵使が続く。この後が斎王代の女人列である。火長、斎王につかえる高級女官の命婦を先頭にして、女嬬が続き、輿丁長の後に多くの駕輿丁に担がれた斎王の輿が現れる(表5)。延喜式によると、斎王輿は駕輿丁四〇人、輿長一〇人とあり、その後には取物一〇人(行障、翳、笠棒壺)、従う女官として乳母、蔵人、女嬬、童女ら一二人、そして腰輿(駕輿丁四人、火長左右各一〇)を従えている。

この祭りには氏子や庶民は参加せず、国家的行事の様式で現在も行われ、王朝風俗の優雅な伝統を伝えていることで、わが国屈指の祭礼として人気を保ち続けている。

表5　賀茂祭行列次第（文献17）

取物舎人取物舎人　白丁　白丁　人陪従　雑色　白丁　白丁　舎人陪従　雑色　白丁　白丁　舎人陪従　雑色　白丁　白丁
白丁　白丁　雑色　白丁　白丁　雑色　白丁　白丁　雑色　白丁　白丁

舎人陪従　雑色　白丁　白丁　舎人陪従　雑色　白丁　白丁　舎人陪従　雑色　白丁　白丁　舎人陪従　雑色　白丁　白丁
雑色　白丁　白丁　雑色　白丁　白丁　雑色　白丁　白丁　雑色　白丁　白丁」

馬副　舎人内蔵使　随身　手振　手振　童　雑色　取物舎人風流傘　取物舎人取物舎人　白丁　白丁　火長　火長　命婦
馬副　随身　手振　手振」　雑色　取物舎人　白丁　白丁」　以下斎王列　火長　火長

取物舎人（花傘）　命婦　取物舎人（花傘）　女嬬　取物舎人（扇筥）　女嬬　取物舎人（扇筥）　輿丁長
輿丁輿丁輿丁輿丁　斎王代　輿丁輿丁輿丁輿丁
手替手替手替手替　輿丁輿丁輿丁輿丁　白丁（呉床）　白丁（呉床）　女嬬
白丁　取物舎人（花傘）　女嬬　取物舎人（扇筥）　女嬬　取物舎人（扇筥）
輿丁輿丁輿丁輿丁　手替手替手替手替　白丁　白丁　女嬬

取物舎人（扇筥）　女嬬　取物舎人（扇筥）　舎人騎女　取物舎人（朱傘）　舎人騎女　取物舎人（朱傘）　舎人騎女　取物舎人（朱傘）　舎人騎女　取物舎人（朱傘）　童女　藏人所陪従事白丁荷太鼓白丁
取物舎人（扇筥）　女嬬　取物舎人（扇筥）　童女

藏人所陪従事白丁荷鉦鼓白丁　藏人所陪従（一鼓）
藏人所陪従事　藏人所陪従事　藏人所陪従　手明（白丁）　牛車長　牛童　白丁（控枝）
藏人所陪従事　藏人所陪従事　藏人所陪従　手明（白丁）　牛童　白丁（控枝）

牛　車白大工　方丁白職　牛車　掛竿　掛竿　車白大工　方丁白職
榻　白丁　白丁　替牛　白丁　白丁　白丁　替牛　白丁　火長　火長
榻　白丁　白丁　白丁　白丁　白丁　白丁　火長　火長

三　諸家など

公　家

厳格な使用規制があった輿であるが、臣下へも仁和五年（八八九）の関白太政大臣藤原基経に「腰輿」の使用が許されたのを初めとして、輿の使用が少しずつ親王や上位の公家衆に広がっていった。平安時代の乗用具は牛車が中心の時代であり、輿に対する関心は高いとはいえず、車の使用規定のような具体的なものはなかった。

輿使用の例を『古事類苑』からみると、

・御門跡――遠出のとき四方輿、平常は塗輿（春慶塗）
・五摂家――平常は板輿で、仕丁は白の直垂または単直垂で、大帷《かたびら》を着る。
・清華家――網代輿
・一般公卿――常用は網代輿、晴れの場所用は張輿（備後表を裏打ちしたもの）
・高家――廂《ひさし》なしの塗輿

以上はいずれも腰輿で、仕丁は白直垂で、替手として二手、三手がついた。また、公家からの使者などその代理者は、主人の乗輿を使用するのが通例であった。

公家には、輿と不可分なものに長柄傘がある。摂家、清華家用の参内傘は、朱張りで袋の上端に布を垂れ、飾りの華を付けた。御門跡用は台傘で、参内、里坊との往復、地方巡遊などで用いた。また、袋入傘は公卿の女性用で、傘は朱張り、袋は黒の羅紗またはビロードで、紫の組紐は蝶々に中結びにして、ロクロに金襴のお守袋を下げた。

褒賞としての輿

『日本書紀』と『続日本紀』に、輿が褒賞として、丹比真人嶋《たじひのまひとしま》に下賜されたことが記述されている。前者には「持統一〇年（六九六）に、輿と杖を賜った。これは官職を辞すことを哀《かな》しんだのである。合わせて、資人《しじん》（上級貴族の私用に支給される下級官人）一二〇人を賜った」。後者では、「詔《みことのり》ありて、左（右か）大臣多治比真人嶋、霊寿杖と輿とを賜ふ。高年を優《めぐ》めばなり」とある。

丹比氏は天武朝皇親系公卿の中で最高の姓《かばね》（氏族の地位を表す呼称）である「真人」を与えられ、摂家職大夫《つかさのかみ》から諸官を経て、持統四年（六九〇）に右大臣に昇進し、封三〇〇〇戸を賜い太政大臣の高市《たけち》皇子のもとで持統天皇につかえた。そして、六年後辞職に際して、輿と杖、資人が下賜された。霊寿《れいじゅ》杖《じょう》は竹に似た節のある木で、高齢の臣下に賜うことが『漢書孔光伝』にあるという。輿についてはこの時代、限定された高位の人にしか乗輿を許されていなかったのであるから、これを与えられるということは最高の名誉といえる。さらに、資人一二〇人も支給されているので、老後をゆったりと過ごすことができたであろう。そして、必要に応じて行きたいところへ移動できる輿があるので、「高年を思いやり、手厚く遇する」プレゼントとしては、最高のものが下賜されたといえる。

武家

武家で初期に輿を使えたのは、どういう人かと考えると、平氏一族の都落ちの場面を思い起こす。『平家物語絵巻』には、多くの牛車の後を輿が力者に担がれて続いている。『平家物語』では、「落行く平家は前内大臣宗盛公、殿上人、僧など三一人、侍には受領など諸司一六〇人、その勢都合七千余騎」とある。平安京の邸宅に火を放って、一家あげて西下したのである。乗用具は男性は馬が中心であろうが、女性や高齢者は輿を使った人もあったに違いない。都落ちの場面を描いた絵が伝わっているが、危機感があまり伝わってこないのは、平安時代の優雅さからであろうか。

鎌倉、室町時代は勇壮な武士の時代であり、乗用具は馬が主流であった。輿は牛車に次ぐ乗り物として、上級の特別な人たちに限られていた。その後、牛車は衰えて、八代将軍足利義政以降は、通常の出行は輿となっていった。そして、一六世紀に入ると、新興武家や地方豪族にも輿の使用が拡大していった。

豊臣秀吉の時代は輿から駕籠に変化する時期である。秀吉は南蛮人から贈られた輿も利用したが、後期には駕籠に乗っている。一六世紀の中ごろから京都の町を詳細に描いた「洛中洛外図」が五〇点以上誕生している。これらの中から、町田本（一五二五〜三二）、上杉本（一五四五〜四九）、舟木本（一六一五〜一六）の三つについて、乗用具に注目してその利用の様相をみてみたい。

町田本では馬が一二、輿が一挺で牛車や駕籠は登場しない。洛内の水落寺前をゆっくり進む輿の一行が描かれている。帯刀した裃姿の武士の先導で、二人待ちの手輿が行き、その脇と後に小姓らしき若侍が付き添い、後には鎗持ちが警固しながらついている。乗っているのは、この一行の主人にあたる上級武士であろうか。戦国時代の警戒をおこたらない雰囲気が漂っている。

上杉本には馬二四と輿は五場面で六挺が描かれている。乗っている人は見えない場合が多いが、供などから推測すると、武士三、女性と子供、女性、僧である。このうちとくに注目されるのは、大行列を組んだ輿の一行である。総勢四〇人にもなる約三〇〇メートルにわたる行列が、管領の細川邸のほうから室町将軍の公方邸へと向かっている。馬上三人、侍烏帽子の武士ら三一人、長刀持三人、輿舁二人で、中央に屋根の傾斜が急で黒っぽい塗輿が威容を放っている。輿は前簾のない男輿で、この中には貴人が白と赤の下着に萌葱色の着物を着て、右手に中啓を持ち、青畳に座しているのが見える。塗輿は将軍、三管領、相伴衆《しょうばん》だけが乗れる特別の乗り物である。輿に乗る貴人がだれであるかについての議論が展開されており、細川晴元、上杉謙信など諸説が出されており、興味関心がつきないところである。

また、ほほえましいのは、輿を道端にとめて、同乗している子供に小水をさせている女性を描いていることである。他の絵でも、花見の折、邸宅の欄干から小水をさせている場面もあり、この時代は今よりおおらかな慣習であったことが読み取れる。

江戸時代に入ると駕籠が一般的になるが、将軍宣下、新年などの特別な場合には、四品以上の三五藩の藩主が江戸城へ輿で登城した。また、関白の江戸参向、将軍家と朝廷や高禄諸家間の婚礼の折には輿が伝統的に使われたのである。

社　僧

平安末期の制作といわれる「紛河寺縁起」（図38）は、河内国の郷豪・長者が娘の病気平癒のお礼のため、観音の化身である童子を紛河寺（和歌山県那賀郡）に訪ね、やがて出家して観音につかえるまでが描かれており、寺社縁起の絵巻としては、「信貴山縁起」につぐ古いものので貴重である。ここには、輿が三場面に登場している。紛河寺への旅立ちの場面では、騎馬の武者、唐櫃を担う従者、馬上の娘、板輿、騎馬の長者、馬上の虫の垂れ絹をかぶった長者の妻、従者たちの一行二〇数名が描かれている。

図38　出立直前の長者一家（「紛河寺縁起」，文献63）

図 39　興福寺へ来た四所明神の輿（「春日権現験記絵」，文献 12）

輿は切妻の板輿で、屋根と屋形の板面には群青の竹模様や花文様がほどこされ、前後は簾で、横には長物見がある。駕輿丁は前後三人ずつの六人で、烏帽子、直垂、草履の姿で、真ん中の者は白布を首にかけ、手で轅を持って運んでいる。山坂が続くところでは、暑さから駕輿丁たちは、衣類を脱いでもろ肌姿で輿を舁く者もあった。乗っているかよわい娘は、恥じらいから下簾を垂れこめて忍んでいたことであろう。

「春日権現験記絵」（図39）は延慶二年（一三〇九）の成立で、鎌倉時代の代表作品である。春日社は和銅二年（七〇九）の草創といわれ、平城京の鎮護社であり、藤原氏の氏神とされた。また、平安時代中ごろから盛況になった神仏習合の思潮によって、氏寺の興福寺と結ばれるようになった。そして、後には寺が神社の実権を掌握して、寺領と社領を支配するようになった。

承元三年（一二〇九）、後伏見上皇の仙洞に入内《じゅない》した西園寺公衡《きんひら》の娘寧子が従三位に叙せられて女御になった。また、公衡は左大臣になるという慶事が続いた。これは氏社である春日社の霊験によるものと考えて、春日権現への報賽を企図して、制作されたのが本絵巻である。

輿は七ヵ所に登場している。巻一二では、興福寺の権別当蔵俊《ぞうしゅん》僧正の夢のできごとが描かれている。興福寺の東門の先に開かずの門があるが、ここの扉が大きくきしみながら開いた。すると、前方の鳥居の辺りから春日の四所明神が四丁の輿に乗って入っておいでになった。先頭の輿は春日の一の宮で、輿から降りると拝殿へ進み、従者が裾《きょ》を取っている。輿の辺りには、僧姿の力者や白張の仕丁たちが神妙な面持ちで控えている。二の宮の輿はとどまって、簾を下ろして安座したまま待機している。あとの二挺はまもなくの到着である。四挺の輿は唐庇の四方輿、軒格子があって、物見を設けた神輿などそれぞれに意匠に工夫がこらされ、いずれも造りが華麗でぜいを尽くし、輿の競いのようである。これらの輿は剃髪の僧姿で揃いの直垂を着た六人の力者によって舁がれている。

蔵俊は一の宮のお姿が眼に入ったが、お顔がよくわからない。一の宮が「御社へ参らぬのは、たいしたことでもない」とおっしゃる。しかし、蔵俊は社参をしないのを恐れて、礼拝を遂げた。「一の御前、釈迦、二の御前、弥勒、四の御前、護法、三の御前をば、何とも知らずして、夢覚めにけり」と詞書に述べられている。この場面の見出しは、「蔵俊僧正、夢に四所の春日明神、神輿より降り立つを拝む」であり、四挺の輿を連ねての興福寺への来所が感嘆をもって描かれており、まことに華やかである。

『法然上人絵伝』は、鎌倉新仏教のさきがけとなる浄土宗を開いた法然上人の生涯を描いたもので、建永二年（一二〇七）の制作で、輿は五場面で見られる。最も印象的な図は、旧仏教の専修《せんじゅ》念仏停止のため、法然が四国の讃岐へ配流されることになり、その出立の場面である。法然は「一期の旅立ちじゃ、馬にも輿にも乗るまいぞ。金剛草履一足で、大地を踏みしめて行くこそ、わしが威儀《ご》じゃ」と力んでいたが、信濃国（長野県）の成阿弥陀仏が力者の顔となって「然れども、老邁《まい》の上、長途たやすからざるによりて、乗輿ありける」と説得した。そして建永二年三月一六日、八葉の文様を打った立派な輿を携えて、門前に現れた。法然はしぶしぶ輿に乗り込んだ。随行の僧侶たちは六〇余人、笈に旅道具を背負う人、小唐櫃を振り分けに担う者、傘袋を肩に担ぐ者などが、法然の乗る輿の前後をさえぬ面持ちでとぼとぼと歩み始めた。出立に際しては、名残を惜しむ多くの人たちが見送りに参集し、法然の輿の前後左右について従おうとする人たちがあとをたたず、貴賤の人々の悲しむ声が京の巷に満ちたという。

承元元年（一二〇七）大赦の宣旨を持参した勅使の来訪によって、法然は許されることになり、同一二月八日帰国の途につくことになった。

江戸時代の社僧の乗用具は駕籠が一般的であったが、特別格の高い場合は輿が使われた。一遍上人が始めた時宗は、「踊り念仏」が民衆に大きな共感を呼び起こして拡大し、盆踊りの原型となった。遊行上人に対して、中世領主たちはいろいろな保護を与えている。近世になると江戸幕府は伝馬手形を発行して全国遊行の便を図っている。村瀬正章「遊行上人の来向と刈谷藩」によると、文政一〇年

（一八二七）に京都を出発して東海道から挙母を経て刈谷入りして来訪した遊行上人の一行に対して、藩をあげて接待している。

到着の際には、町同心を先頭にした熊野権現の神輿を持参して、正装した村役人とともに出迎えている。松秀寺に化益《かやく》場がつくられ、念仏する人々にお札を配った。武士も庶民もはるばる来向した上人に志納金を納めて、お札をいただいて、後世の往生と現世の御利益《りやく》を願ったのである。五日間の逗留の後出発した一行をみると、熊野権現の神輿を先頭に行列が組まれ、遊行上人は輿に乗って神輿に続いている。熊野権現の神輿を先導するのは、一遍が熊野本宮に参籠し、熊野権現の至現を受けて大悟したことにより、その守護を願ってのことという。

・神輿――台共に五人　手廻り一人
・御免傘――壱人、手持壱人
・御台傘――壱人、手替り壱人
・御輿――駕輿丁八人
・御用箱――壱人
・役者駕籠――四人
・役者長柄――壱人
・両懸ヶ四荷――四人、増四人～以下略

など〆馬二七四、人足九拾壱人（人足は領内村々に一〇石に付六分九厘五毛の割で割当、出金）

図40　東照宮祭の別当尊寿院の輿（『張州雑志』，文献64）

遊行上人一行は刈谷城下の手厚い接待を受けて、輿に乗って出発し、大浜から岡崎へ向かった。藩が上人に対して格別に気を遣ったのは、幕府への印象を悪くしないことと、この信仰を通して領内統治に役立てたい一面もあったと考えられる。

また、江戸時代の名古屋城下町で最大の祭礼は、「東照宮祭」であった。徳川家康をまつる東照宮を元和四年（一六一八）に城内に勧請し、これにちなんだ祭りを家康の命日にあたる四月一七日に催行した。家中藩士と社僧、町方住民など四〇〇〇人余が山車と警固（練物・仮装）と神輿を連ねて本町通りを行列する盛大な祭礼であった。『尾張名所図会』『張州雑志』（図40）には、行列の様相が詳細に描かれている。

騎馬の町奉行が先導し、各町内からの九輌の山車と唐子遊、鷹師、頼朝八幡詣などの練物が延々と続き、その後に東照宮、山王権現、日光権現の三つの神輿が行き、次に祭礼を取りしきる尊寿院別当の腰輿が騎馬の末寺の僧たちを従えて進んでいる。輿は棟立ての四方輿で、簾と房に品格があり、飯田町など七町から選ばれた一〇人の駕輿丁によって運ばれている。輿の前には、素袍着と小結、先供の各一〇人が行き、輿脇には烏帽子をかむり、狩衣姿に帯刀した御目付が付き添っている。そして、この後に東照宮の神主吉見氏が騎馬で続いている。この大規模な祭礼で、輿に関係するのは、舁白丁各二〇人で担がれた華麗な三つの神輿と尊寿院住職の輿、若干の社僧の手輿である。高貴なものや人の行列には輿が使われていることに注目したい。

この祭りを支えていたのは、尾張徳川家の援助（祭礼領二〇〇石）と権威、清須越の由緒を持つ碁盤割の町人、寺社の応援、祭り見物に参集した近郷近在の人たちのにぎわいなどであった。現在は、信長、秀吉、家康の三大英傑行列を中心とする秋の名古屋まつりに引き継がれている。

朝鮮通信使と琉球使節

江戸時代は鎖国政策をとっていたため、海外からの文物の流入は制限されていた。しかし、完全にシャットアウトされていたのではなく、オランダ、朝鮮、中国との交易の窓口は開かれていた。長崎出島のオランダ商館長は駕籠で江戸参府を一一六回行っている。朝鮮国王からの通信使が足利、豊臣、徳川の各政権に対して公式の外交使節として、合計一七回派遣されている（図41）。中国は長崎へ唐船を出入りさせて貿易を行っていたが、政府間の交流は実現していない。琉球は宗主国・中国と冊封・朝貢関係を保つとともに、薩摩藩の支配も受けて日本の幕藩体制にも組み込まれるという二重の

図41　朝鮮通信使の輿（文献41）

所属性を保っていた。

朝鮮通信使と琉球使節は、日本の将軍就任などを祝うため、国書と献上品を携えて轎に乗って江戸参府を行った。江戸時代の朝鮮通信使の一行は、三〇〇〜五〇〇人で対馬藩の宗氏が案内役をつとめている。外国の文物にふれることがきわめて少なかった時代に、東海道などを江戸まで行列するのであるから、沿道は見物の人たちで、宿所は交流を求める学者、文人や医師などで大にぎわいであった。

行列は露払いを意味する「清道旗」、龍が描かれた国王のシンボル「形名旗」、刀や鑓を持つ武官、行進曲を奏でる楽隊などの後に、本体である将軍にあてた国書を乗せた轎（龍亭子）、別副（進物品目録）の品々と、周囲を固めた正使、副使、従事官の「三使」の轎が行く。

天和二年（一六八二）に来日した五代将軍綱吉就任慶賀の通信使一行は、総勢四七二人であった。行列は徒歩が中心であるが、乗用具としては、三使が乗る一二人担ぎの屋轎と乗り替え用の小轎各三丁、六人担ぎの平轎三丁、二人担ぎの肩輿六丁、駕轎一丁であり、担ぎ手はいずれも日本人である。そして、乗馬が二六七疋（上官三一、中官七八、下官一五八）と荷馬が六〇疋で、人足は三〇三人となっている。

正使の轎は寄棟の屋根の中央に葱花が付けられ、屋形は四本の柱で支えられている。後方だけ板がはめられ、あとの三方は開け放ちである。軒には小さい庇があり、足まわりに低い板囲いがめぐらされている。轅は二本の直棒で、半てん姿の日本人が三人ずつ、計一二人で担いでいる。乗っている人が貴人であることを示す大きな傘（天蓋）が、朝鮮人の傘持ちによって轎脇を運ばれている。三使の轎の少し後ろには、乗り替え用の小轎を、四人で担いで随走している。これには虎皮などがかぶせてあり、高貴な人に使用されることを示している。

朝鮮通信使の各種の行列図から、正使の轎に注目すると、右のほかにさまざまな轎が描かれている（図42）。板轎は、切妻の三角屋根を四本の柱が支えている。四方の庇は、晴天のときは一枚に二本ずつの支え棒で、はね上げて固定して運行するようになっている。足まわりには囲いが付けられ、横の後半分と背面がやや高くなっている。仕様を記した資料によると、「高サ三尺五、六寸（一〇九センチ）、竪三尺（九一センチ）、横二尺五、六寸（七九センチ）許、惣体木地、模様彫込。屋根ノ上コンの絹ニテ張タリ。四方庇　油引絹。柱木ヲ竹ノ如刻タリ」とあり、油引きの絹を屋根や庇に使い、支柱に竹節のような彫り込みを入れて装飾性を高めている。

棟立轎は、棟の両端がはね上がり、屋根の妻が唐風のやわらかい曲線になり、前面には彫り模様のある赤い板をはめ込んで、アクセントにしている。

図 42　朝鮮轎輿之図（文献 41）

兜轎は唐破風の屋根が重厚で、先にはわらび手の装飾がある。屋形には布のカーテン、簾、雨よけと二本ずつの支え棒があり、床板が厚くがっちりしているのが印象的である。カーテンや帷が少なく開放的である。

小轎は背もたれと手すりだけで、屋根や屋形がないため、軽くて機動性に富み、乗っている人がよく見える。このため、登城や社参などの公式の場でよく用いられている。座るところが台になっていて足が前方の低いところに置けるようになっているもの、広めの床台の敷物の上に座る方式、床台のまわりを低い木枠で囲んであるものなど細部のつくりはいろいろである。そして、日傘が乗っている人にさしかけられるのが定式になっている。

駕輿丁はいずれも肩で轎を担いでいるが、朝鮮国内の釜山倭館へ向かう朝鮮高官の行列図では、腰輿のように手で持って進んでいる例も確認できる。

日本の輿と朝鮮の轎を比較すると、基本構造は同じである。最も大きな違いは、雨よけや日よけの庇の構造とその納め方である。日本では竹や和紙を漆や柿渋、桐油などで防水し、使用しないときは巻いたり、はずしてたたんだりする。朝鮮の轎では絹を張った枠を上へはね上げて支え棒で固定したまま運行している。また、絵柄や色使いにそれぞれの民族の特色が反映されている。木板や轅の先端の彫り物には、龍やマンジ模様など朝鮮の伝統である華やかな文様が多く用いられていることに注目したい。

琉球王国は一五世紀に統一され、中国や東南アジア各地と交易を行い、近世には薩摩の島津氏に侵

図 43　「琉球人行列絵巻」（文献 65）

攻されて附庸国になる。しかし、一方で中国との関係が継続しているので、完全な日本化は行われず幕藩体制の中の「異国」として歩むことになる。琉球王国からは将軍、国王の代替わりごとに賀慶使や謝恩使などの使節を薩摩藩の引率で、江戸へ一八回派遣した。琉球使節は東アジアにおける日本の対外的権威を高める国家的儀礼として位置付けられた。行列は正使、副使を中心として中国風に仕立てられ、日本の民衆に異国感を実見させる一大イベントであり、幕府は「日本の威光」を示す行事として期待を高めていた。

天保一三年（一八四二）の行列は、浦添王子、座喜味親方はじめ、各種の官人、楽人、小童子、医師など九七人である。乗用具をみると、轎は正使だけである。行列図によってはときに副使も轎に乗って描かれているが、文書資料では輿は一丁である。例えば、天保三年（一八三二）の場合は、総勢九八人で、二川宿（愛知県豊橋市）の本陣には正使をはじめ琉球人三八人が泊まり、搬入された荷物は、輿一丁、駕籠二三、四挺、長持一三指、馬荷二三駄であった。

轎は寄棟屋根で中央頂に葱花があり、屋根の四つの面には鶴などの瑞祥図柄が大きく描かれている。四本の柱で屋形を造り、四方は開け放しである。正使の王子は背もたれのある朱色の椅子にゆったりと座っている。上部に短い幕があり、赤い房が二ヵ所つけられたものもある（図43）。二本の朱塗の直棒で、八～一八人で担ぐ、また、ひもを首にかけて、手で轅を持つ腰輿の形式で進んでいる図もある。轎全体の色調は朱色と黄色を基調とする琉球らしい彩色がほどこされ、明るく華やかな印象になっている。

四　輿を継承した使用例

乗用具としての輿の形態を継承したものが、現代でも日常生活のさまざまな場面で利用されている。これらの主な事例についてみてみたい。

神《み》輿《こし》

神輿は神霊がお乗りになっている輿である。日本人が古来からあがめてきた神は、日本の自然とともに存在している精霊および祖先の霊魂などである。この神霊が宿るものが「依代《よりしろ》」で、これを祭るのが神社である。依代には鏡、剣、玉などさまざまなものがある。収穫を祝う村祭りの中心行事は、神輿渡御の行列である。神輿は神様がお乗りになって神社から御旅所へ移動し、沿道の人たちの見物に供する。そして、村人たちは神に感謝して供物と芸能などを奉納するのである。

天皇の乗り物は、古代から明治初期までは御輿であり、車には乗られなかった。天皇の高貴な乗り物である御輿が転化したのが「神輿」である。これは乗用具から神を祀る神社境内を模したものに変化したのである。全国の神社にある数多くの神輿の中で、最も古い遺品は、和歌山県鞆淵八幡宮の沃懸地螺鈿金銅装神輿で国宝に指定されている。これは安貞二年（一二二八）、山城国石清水八幡宮から奉送され、古来から三大勅祭として皇室の崇敬を受けたこの神社の祭りで使われてきたものである。奉送目録と現状を比較すると、屋根の頂には葱花があったが、現在は鳳凰にして格を高めている。そして、神の乗輿にふさわしい造りとして、金銅装の帽額、華鬘《けまん》、幡《ばん》などは豪華絢爛たる装飾がほどこされている。

これに対置するものは、奈良県手向山八幡神社の錦貼神輿（鳳輦一挺、葱花輦二挺）である（図44）。これは天皇や皇后の乗輿を神輿に用いたもので、金銅、金物などの荘厳具が少なく「御輿」の状態を最もよく伝えている。鳳輦の大きさは、総高二三四センチ、軸部高一二七・五センチ、轅長四四一・五センチで、屋根は宝形造りの木製黒漆塗りで、錦張り仕立てである。屋根の勾配はゆるく内に反っており、先端の蕨手の巻き込みも少ない。仕立ては木製の骨に和紙を下貼りし、表には紫地牡丹藤唐草文錦を貼り、軒回りには紺地菊花菱文の型染紙を貼って縁取りしている。そして、襖と屏風仕立の障子を前後と後の左右の屏障にしているのは延喜式にある御輿製作の料と合致している。これは神輿

図 44　手向山八幡宮神輿（文献 1 章 21）

に転用する以前の御輿の実態を示しているといえる。

神の乗り物としての神輿の起源は、東大寺の大仏鋳造にあたって、宇佐八幡神を勧請したとき、紫の輦輿をもって京に迎えたことに始まるといわれ、この輿の帳やおおいの錦は紫色が基調として用いられている。

神輿は、本来、屋形の中に人＝神を乗せて、人が担ぎあげて運ぶ移動体である。八幡大神の禰宜《ねぎ》尼《に》である大神杜女《おおかのもりめ》は人＝神として輿に乗って東大寺に出向き、大仏に礼拝したのである。神社の祭礼の輿は、ご神体や御霊代《みたましろ》が乗る神輿である。ご神体は神社によって、鏡、剣、曲玉、男根、人形などさまざまである。

棺《ひつぎ》・龕《がん》

棺は遺骸を納めるもので、現代は四角型の寝棺が一般的であるが、かつては座棺もあった。龕は棺を納める輿で、棺の外をおおうものであることから「ソトガン」と呼ぶところもある。

江戸時代、武家の一般的な葬列では、二人持ちの腰輿で遺骸を運び、盛大な葬儀では棺の輿がしつらえられた。棺桶御輿《みこし》形の白木造りで、数人が肩で担いで、後から天蓋をさしかけ、貴人であったことを表した。また、『日本風俗図譜』に長崎の役人の葬列が詳細に紹介されている。大旗、連華、小旗に続いて僧侶が行き、棺を腰輿で二人が持ち、その上に天蓋がささげられている。その後に大勢の商人たちが続いている（図45）。

沖縄では、遺体を納めた棺箱を墓場まで運ぶのに、朱塗りの輿が使われ、一般的にガンと呼ばれる（図46）。屋根・柱・戸板などは組立式でイヌマキなどで作られる。四面の板には仏や蓮の絵が描かれ、南無阿弥陀仏と書いた木札や鈴、シャケ、小鳥の彫り物などいろいろな飾りがみられる。朝鮮の喪輿の様式に似たところがある。担ぐ役は葬式組の若者で、前後各二人で急坂などでは加勢する人が付いた。この龕は村落共有で、使わないときはばらして龕屋に保管されていた。龕は寄棟の屋根があるがっちりした輿で、俗に「王の乗り物」といわれる。庶民もそれに乗るのが最後の華とされたのである。渡名喜島では、「ヤギョウ」と称し、死者が出た日に急造する担架状のものがある。二本の丸太を台座にして、数本の横木を添え、竹と紙で棺箱を納める屋根を作って使う。使い終えると本体は墓地で焼却する。二本の丸太だけは小屋に保管するのである（新谷尚紀・関沢ますみ『民俗小事典・死と葬送』吉川弘文館、二〇〇五）。

図 45　葬儀（『日本風俗図譜』, 文献 66）

図 46　沖縄の龕（ガン）（文献 67）

高僧の葬儀でも輿が使われる。延命寺（愛知県豊山町）の「葬儀絵巻」は、安政五年（一八五八）の雲生洞門大和尚入滅を詳細に描いたもので、町の指定文化財になっている。塩尻（長野県）の長興寺から長泉寺に向けての葬列が続き、導師の住職は朱塗りの駕籠に乗り、御棺は真龕のきらびやかな輿に入れられ、一〇数名が担いで、ゆっくりと進んでいる。

擔《たん》輿《よ》

各種の荷物を運ぶ特殊な輿がいろいろある。貴重品から日常物資まで、運ぶ品物に応じてふさわしい造りが工夫されている。その代表的なものをみてみたい。

舎利会で仏舎利塔を安置して渡御するために使う特別の輿が、京都の東寺（教王護国寺）にある（図47）。紫檀塗螺鈿《らでん》金銅装舎利輦で、宝形造りで頂には火焔付宝珠を付けている。屋根は黒漆塗で雲上蓮台宝珠文を透彫した金銅板で飾っている。四柱吹き抜きの軸部の周囲に、金銅板の蓮唐草文透彫の壁代が張ってあり、中に安置した舎利塔を拝めるようになっている。軸部の長押、柱、框《かまち》、台座、高欄は紫檀塗で、花菱・宝相華文を螺鈿で表している。木部は木目塗りに螺鈿を併用し、技術的に優れた鎌倉前期の作である。意匠は仏教的であるが、豪華な装飾性は神輿の荘厳さにつながるものが感じられる。

京都嵯峨の清凉寺に、出開帳のときに本尊釈迦如来立像を運ぶ「御乗輦」がある。江戸両国の回向院などに運ばれ、拝観用の小屋に納められて参拝の人たちの来所に供したのである。この輿は唐破風

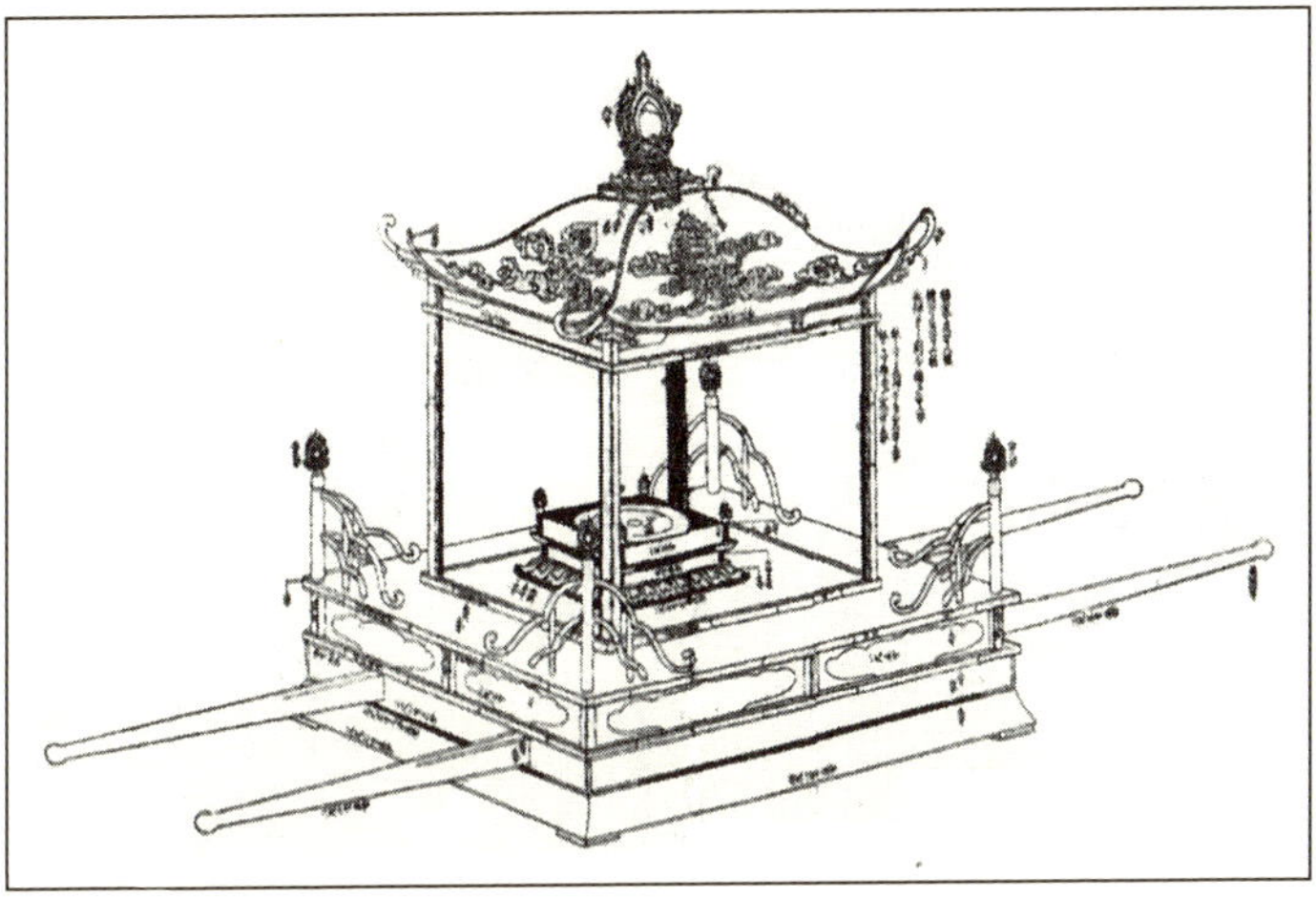

図47　教王護国寺舎利輿（文献2章4）

の屋根、棟上げで、全面白檀塗りの高級仕上げである。輿の格式を上層に位置付けようとする意図が読み取れる。仏像を載せるには、上部の屋根をはずして、像を寝かせて長櫃に納める方式になっている。これを二本の担ぎ棒を横に通して運ぶのである。京都から江戸まで遠路を運ばれてきた御像を江戸の人たちは信仰心から多く参集して話題となった。天保七年（一八三六）六月には歌川国貞画による三枚続きの版画が発売され、出開帳の幟がはためくなか、見物した関取や女性たちが両国橋を渡って帰る満足気な表情が印象的である。

朝鮮通信使の正使・副使は輿で江戸へ参向したことは前に触れたが、この折、必ず朝鮮国王の国書を携行していた。国書は朝鮮を象徴する重要文書であるので、「龍亭子」といわれる特別の輿に載せて随員に担がれて運ばれた。屋根は頂に葱花を付ける宝形造りで、屋形の窓と扉は卍模様、壁板部分は昇龍と採花模様が描かれ、担手の末端も龍頭の細工がしつらえられるという装飾性の高い豪華なものである。

以上のほか、人以外を運ぶ輿としては、経典を運ぶ経輿、銀子などの貨幣や大切なものを運ぶ擔輿、行李などの旅道具、まゆ、きのこなどかさの割に軽い物産を運ぶのは、竹で編んだ手輿状のものが各地で使われていた。車の利用が限定的で、山道の多い地域では、産業や生活にとって利便性の高い場合に独特の輿が工夫された例があるのは興味深いことである。

雉輿

『日本書紀』の輿の文字を含む用例の中に、「雉輿」がある。孝徳天皇時代の白雉元年二月に、「穴戸国司草壁連醜経獻二白雉一曰。国造首之同族贄。正月九日、於二麻山一獲焉」とあり、これを受けて「四人代　執二雉輿一而　進二殿前一」とある。穴戸《あなと》（山口県長門）の国司が白い雉を献上し、「国造首《おび》と同族の贄《にえ》が正月九日に、麻山《おのやま》で獲《と》りました」という。白雉は古来から中国・朝鮮では「瑞祥の現れ」で、吉事として尊ばれた。推古天皇七年（五九七）には、百済から白雉が献上されているが、今回は日本国内からの献上であり、国の吉事の前兆であるとして、大々的な白雉親覧の祝儀を催すことになったのである。

小郡宮の朝廷の宮門前には儀仗兵が威儀を正して整列し、左右大臣など百官の人々が四列に並んだ。儀式の過程を追ってみると、概略次のようである。
①白雉を乗せた輿が天皇の侍臣に守られて登場して皇居内へ入り、その後から左右大臣以下が中庭

へ続いた。
②雉輿は侍臣から皇親氏族らに手渡され、御殿の前へ進められる。
③ここで雉輿の持ち手は交代して、前を左右大臣、後を伊勢王ら皇族が持って殿上へのぼり、玉座の前に置く。
④天皇は皇太子を召し、ともに雉を手にとって見た。見終わると皇太子は座を退《さが》って再拝した。
⑤左大臣が天皇の治をたたえる賀詞《よごと》を、「陛下が徳をもって、平らかに天下を治めるので、西のほうから白雉が現れた。これは陛下が千年万年に至るまで、清らかに四方、大八洲を治め、公卿、百官および百姓も忠誠を尽くして、勤め仕えます」と奏上して再拝した。
⑥天皇は「祥瑞が現れたのは、公卿、臣、連、伴造、国造らが、それぞれ丹誠を尽くして、朕を助けて制度を遵《じゅん》奉してくれたからである。ともに吉祥を受けて、天下を栄えさせよ」と述べた。
⑦また詔し、「わが祖先の神が治める長門国からめでたい印があった。それ故に天下に大赦を行い、白雉と改元することを令し、官人一同に位に応じて下賜品を下すとともに長門国を優遇する。」
白雉の出現を契機として、異例ともいえる祝いの儀式を挙行したのは、大化改新の大事業が一段落してややゆるみの見える時期であった。このため、吉兆の白雉出現を生かして、揺らぎつつある権力の座・天皇の存在を高め、中央集権的政治態勢を強化する意図が感じられる。また、この祝事の中心である白雉は、輿に乗せられ、天皇の最高位の臣である大臣たちによって、玉座の前に運ばれて、賀詞と詔が交わされる設定に注目したい。君臣がともに白雉の出現を喜び合うのではなく、大臣等の臣

民はこれを契機に天皇に忠誠を誓い、天皇はこれを喜んで受け入れるのである。天皇と臣下が格段の差があることを形で表した祝賀儀式になっている。

日本では白変種の動物は、神聖な存在として特別視されている。鹿、モズ、雀、カラス、鳩、蛇、ニワトリ、鶴、蛙、赤ハラなど多くある。これらは色素がうすく、染色体異常の突然変異によって稀に誕生するといわれる。最近の白雉は飛来情報とともに飼育もされている。岩手県の清丘園ワークつかさ、神戸市立王子動物園、徳島雉・水鳥研究所などでは観察できるという。

菖蒲輿

菖蒲には強い芳香があり、葉が剣の形をしているため、古くから魔よけとして使われ、邪気を払い招魂や長寿のまじないになると信じられていた。『延喜式』に、「菖蒲、艾《よもぎ》惣盛二一輿一」とあるのが名の由来といわれる。机上などに菖蒲とよもぎを輿の形に飾り付けたり、輿に菖蒲を飾ったものが、のち輿形に菖蒲を飾って庭などに置いて楽しんだりしたという。とくに、五月五日の端午節句に紫宸殿前庭に置かれたことから注目されて広まったと考えられる。

担架——現代の腰輿

腰輿形式の運搬具が、現代の日本ばかりでなく世界各国で担架として数多く配備されて使用されており、まさに「現代の腰輿」といえる。担荷の語句は古代語にあるが、「担架」はなく、日本での使用例は明治三〇年代以降であり、用語としては新しい。しかし、運搬具としては古くからあった原初的な様式の一つである。「二本の棒の間に、人を乗せる丈夫な素材を使い、二人で前後から手で持って運ぶ用具」である。欧米ではストレッチャーやリッターと呼ばれている。今日では日常的な乗用具としては使われないが、非常災害、救急業務などで、自力で歩くことのできないけが人や重病人の運搬に威力を発揮している。狭いところ、高い場所、地形の険しいところなど条件の悪いところでも人を運び出すことができる。担架の配置場所は、緊急事態が突然に起きる可能性の高い、駅、多人数が集まる施設、高層ビルなどである。また、火災や災害現場へ出勤する消防署や自衛隊では、担架ばかりでなく、あらゆる緊急事態に対応できる人命救急用具の中に、「応急担架」「万能運搬具」などの名称のもとに、コンパクトに収納されて威力を発揮できるようになっている。

第4章

輿を担ぐ人たち

一　駕輿丁

輿を担ぐ人を、駕輿丁《かよちよう》、輿丁《よてい》、輿舁《こしかき》、舁夫《ひきふ》、力者《りきしゃ》、青法師《あおほうし》、青師、青侍などと呼んでいた。貴人の輿を担ぐことを主たる仕事としている者で、強靭な体力が要求された。

輿は肩に轅をのせて担ぐ方式（肩輿《あげごし》）と、手で轅を握り腰の辺りで持って運ぶ方式（腰輿）の二通りがある。鳳輦、葱花輦をはじめ日本の古くからの輿は肩輿である。腰輿が登場するのは平安時代に入ってからで、牛車の車箱を台からはずして、車箱の下に轅を二本取り付けて、手で運ぶようにしたものである。これは牛車が階段などを越えにくく、細い道やぬかるんだところは甚だ不便であったことなども原因しているという。また、肩輿では乗る人を高くささげて運ぶので、担いでいる人が石につまずいて突然転倒するようなことがあると、乗っている人に危険が及ぶこともある。こうしたことからも、腰輿のほうが安全性があり、時代が下るとともに公家、武家では増加している。しかし、伝統と格式を重んずる人たちの輿は、肩輿の方式を継承している。担ぐ人の数も多く、訓練を積んだ駕輿丁で固められているので、危険性は少なく、高い位置に乗ったほうが見ばえもよく、象徴性が確保されるからであろう。

駕輿丁は奈良時代からあり、力者は平安時代から登場する。髪をそった姿で、力仕事を勤める者をいい、寺院の雑務を行っていた者が始まりのようである。剃髪しているが実の出家ではなく、力技で主人に奉仕する者である。力者は寺院以外でも必要度が高まって漸次広まり、御所、門跡、公家や武家などのもとでも働くようになった。そして、輿を担ぐのはもちろん、ときによって馬の口取りや長刀持ちなどをして、主人の外出の供をしたのである。鎌倉時代の『古今著聞集』には、「高名の早足の力者」が話題になっており、力者は輿担ぎの専門家として使われることが多くなっていった。腰輿を担当する力者は、前後各三人からなる六人を一手とし、三人のうち中央の力者は白布のひもを首にかけ、左右は轅に手を添えて運ぶ、遠所の場合は手代わりとして、二手、三手を準備して、輿の前後に供奉させて適宜交代した。『源平盛衰記』には、「御力法師、青法師」の呼称で輿に関わる者が出てくる。青法師というのは、その装束が青いからという説が有力である。

『紫式部日記』の寛弘五年（一〇〇八）の後一条天皇の土御門邸（左大臣藤原道長の邸宅）行幸の中に、「御輿《みこし》むかへたてまつる船楽、いとおもしろし。寄するを見れば、駕輿丁の、さる身のほどながら、階よりのぼりて、いと苦しげにうつぶせる、なにのことなる、高きまじらひも身のほどかぎりあるに、いとやすげなしかしと見る（主上の御輿をお迎え申し上げる船中で奏する音楽がたいそうおもしろい。御輿を寝殿の正面階段に担ぎ寄せるのを見ると、駕輿丁が低い身分ながらも、階段をかつぎ上って、ひどく苦しそうにして懸命に這いつくばっている。階段を上がるとき、御輿の水平を保つため、前の舁き手は背をかがめてうつぶせのようにならざるを得ない。この苦しげな駕輿丁の身の上に共感して、何が私の苦しさと違っていようか。高貴な人々にまじわっての宮仕えも、身分に限度があるにつけて、ほんとうに安らかな気持ちがしないことよと思いながら駕輿丁を見つめる）」との記述がある。紫式部は、鳳輦の到着の状況を見つめているとき、御輿の前部を担ぐ駕輿丁たちの苦しげな姿に、人間共通の苦しみを見出している。華やかな宮廷生活に明け暮れる女房たちの中で、身分の低い仕丁である駕輿丁の身の上にまで共感の瞳を注いでいるのは、人間の運命を描いた作家の真骨頂である。

二　四府駕輿丁座

駕輿丁は奈良時代以降、朝廷に属して天皇の行幸の際、その輿の運行にたずさわる者で、『続日本紀』の宝亀一一年（七八〇）三月辛巳《しんし》条にこの語が見え、庸調が免除されていた。平安時代の延長五年（九二七）にできた「延喜式」によると、駕輿丁は四府（左右近衛《このえ》府と左右兵衛《ひょうえ》府）に属し、前者は隊正二人、火長一〇人、直丁一人、丁八八人で左右各一〇一人の計二〇二人、後者で左右各五〇人の計一〇〇人の合計三〇二人が従事していた。官舎は京都の諸司厨《くりや》町の一角に置かれ、ここから車庫と控室のある輿宿《くるまやどり》に出勤した。中央政府に属する雑色人の月粮は諸国から納入される貢納や官有地からの財源から捻出されていた。

律令制は平安時代中期の一〇世紀には衰退したため、駕輿丁は四府の管轄から離れて、公事や儀式を担当する外記や官務に直属するようになり、さらに官職の世襲化につれて中原家や壬生家の属僚となった。ところが、諸国に荘園が増え、公家や中央政府の財政力が衰退してきたため、都だけでは運用できず、諸国から上番して勤仕するようにした。そして、見返りとして課役を免除したのである。

鎌倉時代には、公費の逼迫で俸給にもこと欠くようになり、朝廷の了解のもとに課税を免除されながら、当時成長が著しかった商工業を営んで生活の資とするものが次第に増加してきた。鎌倉時代末期ごろには四府駕輿丁座という同業組織も生まれ、課税免除の特権を利用して発達していった。四府はそれぞれ手工業組合の職人長である兄部《このこうべ》に統轄されて役銭を徴収されていた。兄部は壬生家などに補任料を出して任命された。天皇の駕輿丁という役職によって、他の公権力が懸ける課税を拒否したために、有利性が増し、駕輿丁座に加入することを希望する者が続出した。

駕輿丁座は商工業の広い分野に波及し、課税特権のみを有する座は、酒、馬、銅、高利貸、材木など一八商種、専売権をも併せ持つものが、錦ならびに組物、鳥、古鉄など八商種が形成されていた。ここからあがる収入によって、駕輿丁の運用は順調に推移したことは言をまたない。

豊臣秀吉の楽座令によって、専売権は否定され、多くの座は解散したが、駕輿丁座をはじめ一部は残り、近世に至っても京都商人の名門と意識された。禁裏の駕輿御番役は、天皇などの駕輿丁として奉仕する集団であり、課税免除の特権を有して残った。しかし、これを得るには駕輿奉仕という厳しい労役を果たさねばならなかったが、誇りを持って出勤したのである。

三　八瀬童子

中世以来、大礼、行幸、その他朝廷の重要儀式に事あるごとに出仕して、駕輿丁を勤める集団に、「八瀬童子」がある。また、天台宗の僧侶が書いた『蹇驢《けんろ》嘶餘《せいよ》』には、

門跡の御輿《みこし》舁《か》き、八瀬童子なり。閻魔《えんま》王宮より帰るとき、輿を舁きたる鬼の子孫なり。十二人を一結びといふなり。これは浄衣《じょうえ》を着して、髪を唐輪にわげるなり。長《おさ》一人は浄衣にて、髪を下げて神輿の前に行くなり。以上十二人、今は御下行が造作なり。故に西坂本の下法師神輿を舁くなり。

とある。つまり、比叡山の門跡の輿を担いだのは一二人一組で、童子は稚児のように髪を唐輪にしていた。この髪形は八瀬童子を特徴づけるものであった。

京都洛北の八瀬村（京都府左京区）は若狭・鯖街道沿いの山に囲まれた小集落である。平安中期には延暦寺青蓮坊の所領で、山門配下の童子として僧侶の道案内、警固、輿舁などをつとめ、登山や往来の手助けをしたので、領主から雑役が免除された。南北朝時代には、建武の新政を行った後醍醐天

皇の比叡山逃避行に二度貢献して綸旨《りんじ》を拝受し、諸役免除の特権が与えられた。延暦寺に従属する一方で、朝廷の駕輿丁として奉仕したのである。

江戸時代には、二代秀忠によって八瀬村の一部が禁裏御料に寄進され、宝永七年（一七一〇）には全村になり、二〇八石が御免許となって朝廷との関係が一層深まった。

八瀬村の皇室との特別な関係は、明治政府の国家神道政策の脈絡に位置付けられ、現在に至っている。八瀬へは宮内庁から租税相当額を下賜されるという特権を得て、免租と同様の措置がとられた。このための奉仕は宮内省に勤務し、輿丁、風呂の準備、厠の処理、庭の管理などを行った。宇野日出生『八瀬童子』によれば役職名は仕人《つこうど》并輿丁（のちに宮内省仕人典輿丁）である。定員は一六人で、三年ごとに八人ずつ交代した。年齢は二三歳以上、四五歳以下で再任用は可能であった。身長は五尺四寸五分（一六五センチ）以上、担力は両肩各三〇貫（一一二・五キログラム）以上、脚力は重量の長駆が可能、学力は仮名文解読、加減乗除計算ができることで、家庭の不都合や身体的問題がない限り、真摯な態度で勤務することが求められた。輿丁は皇居内で天皇と近接した条件でつかえる公務であったので、品行方正が厳しく求められたのである。

明治一九年（一八八六）、「輿丁交代方法并入費賦課法規約」によって、輿丁としての規律を知ることができる。第壱条に、「輿丁トシテ東京ニ在勤スルハ、必ス当村ノ内ヲ御採用可相成御趣意ニ付、之カ交代シテ勤務スルモノトス」とあり、八瀬で担当することが明記されている。規約は当初一三ヵ条あって、輿丁としての資格・条件・勤務形態・交付金額が定められ、八瀬童子が宮内省職員として採用されたことは、後醍醐天皇以来の故事にふさわしく八瀬にとって特筆すべきことであった。

そして、輿丁としての宮内省勤務の延長上に、さらなる大役がまかされた。それは大喪（天皇三后の葬儀）と大礼（天皇即位の儀式）での輿丁の仕事であった。これは江戸時代、八瀬童子の朝廷における輿丁としての働きや明治時代以降の輿丁奉仕の実績を勘案してのことであった。

明治天皇は明治四五年七月三〇日に心臓麻痺で崩御され、九月一三、一四日に大喪が行われた。このときに、輿丁の奉仕などにたずさわった記録を、宇野日出生『八瀬童子』などからみてみたい。

図 48　明治天皇大喪練習風景（文献 6）

幕末から五回の大喪奉仕の歴史がある八瀬村（京都府）では、天皇崩御の日に村で大喪奉仕を決議し、翌日村長らは東京の宮内省へ願書を提出した。八月五日宮内省から電話連絡で、輿丁名簿の提出依頼があり、村の幹事会で選定して、主殿寮出張所へ報告した。翌日、該当者の身体検査を実施して、調書を出すと、八月二二日に一〇五名に名誉仕人の辞令が交付された。八月三一日から輿丁としての長柄割をして担ぐ割り当てを決めて、村の神社参道で練習を開始した。翌日からは二条離宮に出向いて九月七日まで関係者が見守るなか練習が行われた。九月七日村長以下四九名が東京での奉仕に出発し、翌日から宮内省へ出頭して諸準備を行った。いよいよ当日の九月一三日大喪初日は全員未明に起床し、朝風呂に入って体を清めた。そして、揃いの装束を着て午前六時に出勤し、主馬寮で御車副えの練習をした（図48）。

午後二時半殯宮《あかりのみや》（本葬前に仮に遺骸を納めて祭るところ）に入って、霊柩御用のため待機した。午後六時、殯宮から霊柩を引いて、車寄で轜車《じしゃ》（黒漆塗で唐庇）に移した。午後七時から轜車発引の儀が行われ、八時に青山の葬場殿に向けて出発した。葬列は一二騎の前駆を先頭に、近衛の騎兵連隊、軍楽隊、儀仗兵などの前隊の次に、松明、鼓、鉦、白幡、黄幡、胡簶、弓、楯、桙などを持つ仕人約三〇〇人の前衛、この後に内舎人、祭官長、宮内大臣、式部長官などの役人が行き、牛五頭が曳く霊轜には八瀬童子五〇人が御車副として二列で先行し、側近には侍従職ら多くの官人が従っている。

輦路は清砂を敷き、沿道に大真榊、錦旗、瓦斯篝火、孤光灯などを配置し、その間を黒布・白布を撚った綱状飾でうめられた。また、各家の軒頭には白張提灯を吊り、哀悼奉送の意を表している。沿道は陸海空の各部隊、宮内庁の職員、学校生徒、各種団体や一般奉送者でうめつくされ立錐の余地がないほどであるが、きわめて静粛であったという。

一一時前、青山練兵場内の霊轜式場へ到着し、天皇・皇后や各国元首名代や大使の列席のもとで葬場殿の儀が行われた。一四日午前一時四〇分霊柩を青山仮停車場の列車内に移し、二時に発車した。大喪列車は七輌直結で中央に霊柩車があり、一五分遅れて第一供奉列車、三〇分後に第二供奉列車が出発した。八瀬童子もこの列車に乗り、大垣駅付近で着換えの装束に着替えて、午後五時一〇分京都の桃山仮停車場へ到着した。八瀬村からの輿丁と合流し、霊柩を葱花輦へ移し、六時三〇分に出発して祭場殿へ向かう。仕人が松明で道を照すなか、前衛の楽隊が「万秋楽」を奏した。途中、陸海軍の兵が並ぶところへ霊輦がくると、「哀の極」を吹奏して奉送した。霊輦は一〇五人の八瀬童子が二段に分かれて奉舁した。進行中は交代要員が輦近くにいて手を上げると交代できるようになっていた。七時三五分祭場殿に到着し、霊柩を葱花輦から台車奉還して、石槨内の木槨に安置された。

大任を無事終えた八瀬童子たちは、葱花輦を輦舎に格納して奉仕は終了した。この日は徹夜となった。この二カ月半は、八瀬村にとってもまさに怒濤の日々であったといえよう。

その後、大正天皇の大礼や大喪にも輿丁として従事し、その活躍ぶりが全国に報道されて話題となった。この大喪や大礼奉仕は、八瀬童子の皇室に対する象徴的な関わりである。現在の関わりは、行幸啓などの京都出迎え、大喪や大礼時の代表者奉仕、「古技保存」の名目での下賜金付与、一名の宮内省勤務などである。また、葵祭の「路頭の儀」における行列奉仕に、九〇余名が参加している。これも御所に奉仕するということから始まったと考えられる。このように八瀬と皇室との特別な関係は平成に入っても継続しており、大喪、大礼のときの代表者奉仕を行っている。そして、皇室からの毎年の下賜金が「古技保存」の名目で送られている。

四　洛中洛外図屛風にみる駕輿丁

一六世紀後半は乗用具の主流が、輿から駕籠への移行期である。この前後の変化をみるには同じよ

表6　洛中洛外図に描かれている人の乗る陸上交通手段の数（文献7）

洛中洛外図	交通手段			
	輿	牛車	馬	駕籠
町田本(1545-31)	1	0	12	0
上杉本(1545-49)	6	0	24	0
舟木本(1615-16)	6	1	34	23

鈴木景二「日本古代の行幸」(『ヒストリア』125, 1988) より.

うな風景や風俗を描いた作品群をいくつか比較することが必要である。洛中洛外図は京都の町を中心として、制作された当時の象徴的な出来事や景観、風俗まで折り込んで詳細に描かれているので貴重な作品群である。このうち、最も古い町田本など時期の異なる代表的な三つの洛中洛外図から、人が乗る交通手段についてまとめたのが表6である。これによると、一六世紀初期の町田本では輿が一丁と馬一二疋、一六世紀中ごろの上杉本では輿六丁と馬二四疋、江戸時代に入った一七世紀の初めの舟木本では牛車一輌、輿六丁、駕籠二三挺、馬三四疋となっている。

町田本の輿は京の町中、水落寺前を行く「輿の一行」として描かれている。輿は切妻屋根、屋形は板造りでがっちりしている。腰輿の前と後を舁く男たちは、轅に取り付けた紐を首の後ろに通して掛けるとともに、手で轅を持って進んでいる。輿の横と後ろには帯刀した若侍が二人付き添い、輿の前は裃姿の武士が太刀を持ち、後方は槍を持って警衛している。この腰輿に乗っている人物は、上級の武士であろうか。

一五世紀前半に成立したといわれる「三十二番職人歌合」十番と二十六番の右に、輿舁が扱われている（図49）。輿のそばに座り込んで休んでいる姿である。歌合わせは、貴族などが左右に分かれてそれぞれに詠んだ短歌を左

図 49 「三十二番職人歌合（旧石井家本）」十番右「輿舁」（文献 8）

右一首ずつ組み合わせて、判者が優劣を判定して勝負を競う遊びである。こうした中に輿舁が登場してくるのは、貴族、僧侶などの間にも関心が高まっている職種であったことの表れといえよう。

右の輿舁に対して、左は渡守であり、いずれも人を運搬する職種である。輿舁の歌は、

休まずば　心なからむ　茶屋の前
花の下行く　道の輿舁
旅の世の　憂きをいとはば
輿舁の　苦しむ道ぞ　さし合せなる

前の歌は、「右の輿舁　休まずば心なからんと詠みて　茶屋の前と花の下とをともにいひ出たるは喉かはけるとを」と詞書にある。歌の意味は、「茶屋の前を通るときぐらいは、一休みして行ったらどうだ。素通りでは風流気がなさすぎる。用事はなくとも、花の下などに舁き据えてある輿は風流なものだ」というほどであろうか。後の歌の判詞に、「侍

り右のこしかき、旅の世に身を捨て苦をしのがば、終に安楽の国にのぞまん心を会得せり。三人輿にてさへ、遠路はかないがたきに、さし合わせ（前後二人で力を合わせて荷物や人を担ぐこと）の苦行あぢきなくぞ侍る。左右の乗物母よりも輿にとこそおもい侍れ」とある。三人輿とは二人担ぎの輿に一人交代役がついたものであるが、遠路では四人いないと無理なのである。歌意は、「苦しい旅と同じである世の中の生活の辛さをしのぐには、輿舁と同様に相棒が必要だが、それもいない場合は、自分の力で打開するほかはない」であろうか。輿舁の絵を改めてみると、ひげをたくわえ、服装もきちんとしているが、顔の表情はさえない。輿に乗せてもらう貴族が、輿舁になりかわって詠んだ歌は、二首とも苦行の多い輿舁の日々を詠んだものであり、輿舁の表情の意味が理解できる。

上杉本の輿が描かれている場面は、六つあり、いずれも「輿の一行」として供がある総勢六〜一一人の小規模な編成がほとんどで、一つだけ四〇人の大行列が描かれている。輿に乗っている人によって、先導者や輿脇の従者に違いがある。武家の場合は先導役が長刀を持ち、帯刀した武士が輿脇を固め、後方に槍を持った武士など武具が目立つ。高僧は輿脇にも黒衣の僧侶が従い、女性のときは先導や輿脇にも女性が何人か必ず交じっている。輿はいずれも手輿で板輿と塗輿である。

最も目立つのは、「輿に乗る貴人を中心とした武家の大行列」（図50）である。これは上杉本だけに描かれており、室町幕府の公方邸へ年賀のあいさつに向かうところである。行列は馬上の侍三人、侍烏帽子をかぶった人一五人、烏帽子のない人一六人、長刀《なぎなた》持三人、輿舁二人、馬四頭と総勢三九人が中央の貴人を警固して進む大編成である。輿は茶色っぽいがっちりした輿で、前簾が下りていないの

図 50　貴人の大行列（文献 9）

で乗っている貴人が見える。装束は白色と赤色の下着の上に、萌葱色の衣服を着し、右手には中啓（たたんでも半ば開くようにつくった扇）を持って座っている。この輿は三角屋根の張り方が急で、前のひさしもあり、他の輿より高級仕様の塗輿であると思われる。塗輿は公方や門跡、公方から許された管領や大名衆だけが乗輿を認められる特権的な乗り物であるので、この輿に乗っている人は相当な貴人である。輿脇には左右に侍烏帽子の四人が警固している。

法鏡寺前の堀川通の東べりを輿の一行が進んでいる。被衣《かづき》姿の女性三人が先行し、手輿脇を二人の武士が固め、後方には長刀を持った武士が供奉している。また、上方には僧侶をともなった輿の一行が、田圃の道を行く。図中の輿に乗っているのは、武家の妻女と高僧であろうか。

珍しい状景として、町中の路傍に輿を止めて、道端で幼児に小水をさせている女性の姿が描かれていてほほえましい。母と子が同乗して出発した輿で、急に子供がおしっこを訴えたのであろう。輿の中から母親が心配そうに顔をのぞかせているのは臨場感がある。輿のいろいろな通行から、当時の風俗が感じられて興味深い（図51）。

舟木本には三場面に六丁の輿が描かれている。江戸初期は駕籠の時代に入ったので、なお輿を使う人たちは、格別高貴な身分の人たちに限られてきた。このためか輿は、高級な造りで、輿舁の服装が烏帽子、白張ときちんと整っている。また、使用場所も内裏の清涼殿前、葵紋の牛車とともに進む輿二挺の通行など特別なものになっている。その一方で、駕輿丁たちも休憩時には、仲間たちと談笑しながらゆったりしている様相が描かれており、表情にも明るさが漂っている。

図 51　「洛中洛外図屏風（上杉本）」（文献 10）

五　近世の駕輿丁

西村慎太郎「近世の駕輿丁について」を中心に、その役割と組織の特色をみてみたい。駕輿丁は天皇・皇族の移動に際して、輿を担ぐ役を担当した。駕輿丁は京都の町人のうちで願い出た者の中から任命された。採用された者は、帯刀、諸役免除となり若干の手当が支給された。駕輿丁の組織は左右近衛府と左右兵衛府に属していた。壬生官務家によって統轄される官方地下官人として処遇を受け、長は兄部《こうのべ》、沙汰人で八人、その下に座人にあたる駕輿丁が八〇人いたという。参勤の機会は、行幸、内裏での移動、譲位や即位の儀式、新嘗祭や節会などの行事であった。

行幸での装束は冠が細纓《えい》（冠の後の垂れ下がった部分）の緌《おいかけ》（武官が冠下の左右に下げるもの）黄色の絹の布衣を着し、その上に両面錦の裲襠《りょうとう》（よだれかけの如きもの）を襟元に付け、布袴をはき、足元は藁履である。

駕輿丁補任時の「御請書」の内容をみると、

①新嘗祭参勤に当たって、前日・当日は「清浄」を専らにし、当日の庭上では慎んでいること
②御所辺の非常時は、早速内侍所へ参上すること
③御用時は、私用を言ったりしないこと

④御紋附提灯は私用しないこと
⑤年頭、八朔、暑寒の御礼は必ず勤めること
⑥旅行時には願書を提出し、指図に従うこと
⑦「忌服触穢」の者は、早く届を提出すること

などであり、駕輿丁には「清浄」が要求され、私用が制限されるという職の厳しさがうかがえる。しかし、駕輿丁は「町人の呉服商　金屋安兵衛」の名前とともに、「左兵衛府兄部　長浜中務」のように「一人二名制」で二つの名前を持ち、諸役免除札、非常鑑札を支給されるので、天皇に奉仕する職としての名誉と誇りがあった。このため、給金は少なくとも、富裕の町人からの応募があって、継続したのである。

皇室関係者の常時の移動に際しては、四府駕輿丁が担当したが、臨時の行事や突発的な場合、長距離で多人数が必要なときは、八瀬童子が加勢や担当することがあった。八瀬村では一三世紀から延暦寺座主の駕輿丁をつとめ、文政六年（一八二四）まで続けている。延暦寺との争論に幕府の裁定が出た宝永七年（一七一〇）以後、八瀬村は禁裏御料となり、皇室のみへ年貢を六三石納め、朝廷の駕輿丁奉仕を行い、諸役は一切免除された。また、禁裏御料の管理にたずさわっていた近衛家へは折りにふれて相談や指導をあおぎ、八瀬村にとって大きな支えとなっている。

『天皇制と八瀬童子』所収の「谷北文書」から、駕輿丁として参勤した事例をみると、

・禁裏御所方新造御安鎮之法御執行童子めされ

山門大会勅使御参向童子めされ
勅使御輿に千年堂より山上迄童子六人参り候事
・御八講懺法講座主御登山之節童子めされ、御輿に六人参り候事
・北野正遷宮御寺務御参向之時童子めされ、御輿に六人参り候事
・天子山門行幸之時童子数十人めされし事

とあり、悪魔はらいなどのために臨時に出向する際に、八瀬童子に参勤命令が下っている。また、御鳳輦の車例で、年代のはっきりしているものは、

・承応二年（一六五二）癸巳六月廿三日　禁裏台所より失火　法皇御所へ潜幸童子数十人参役
・延宝三年（一六六一）辛丑正月十五日　二条様より失火　白河へ潜幸童子数十人参役
・万治四年（一六七五）乙卯十一月廿五日　上京失火　白河へ潜幸童子数十人参役
・宝永五年（一七〇八）戊子三月八日　内裏炎上　上加茂へ潜幸近衛様へ還幸之節童子数十人参役

とあり、火災による突発的な参勤になっている。また、勢多章甫の「思いの儘の記」の天保七年（一八三六）の項には、

駕輿丁は、京都市民の富有《ママ》のものより願ひ、其役になれり。素より此もの共の負担するに堪へざるながら、帯刀を許され、又諸役免除になるにより、市民の競ふて此役になる也。……新内裏へ遷幸のときには、町数二三十町もあり、鳳輦にて重ければ、此時には御料の八瀬村の農民多く其

表7　近世中期駕輿丁の諸役免除（文献3）

軒数	名　称	住　所	職　業	名　前
1	駕輿丁役	新町通竹屋町下ル町	家具屋	伊藤権之丞
1	駕輿丁	一条通西洞院西江入町	両替屋	片岡甚右衛門
1	駕輿丁	東山崎町	魚屋	茨木彦兵衛
1	駕輿丁	油小路百万遍町	組屋	稲見伊織
1	駕輿丁	革堂之町	組屋	八原平左衛門
1	駕輿丁左兵衛府吏部（ママ）	堀出町	—	近松斎
1	駕輿丁	西石屋町	質屋	木原十右衛門
1	駕輿丁	伊佐町	織物屋	久松善兵衛
1	駕輿丁	伊佐町	織物屋	松井市兵衛
1	駕輿丁	筋違橋下半町	たばこや	片岡半右衛門
1	駕輿丁	筋違橋下半町	絹屋	三宅与右衛門
1	駕輿丁	戊亥町	絹屋	中瀬五郎左衛門
1	駕輿丁	戊亥町	絹屋	水谷久兵衛
1	駕輿丁	東長福寺町	帯織屋	岩井求馬
1	駕輿丁	堀川通南船橋町	蒔絵師	熊谷市兵衛
1	駕輿丁	大北小路東町	織物師	久松織部
1	駕輿丁	横大宮町	糸屋	奥野六兵衛
1	駕輿丁	油晃自通浦辻町	両替屋	赤尾又兵衛
1	駕輿丁	革堂町	組屋	渡辺平八
1	駕輿丁	本妙蓮寺町	糸屋	樋口理右衛門
1	駕輿丁	西堀川下立売上ル町	絹布屋	木瀬九左衛門
1	駕輿丁左近府座人	中立売通新在家町	扇子屋	熊谷佐兵衛
1	駕輿丁	中立売東橋詰町	—	小畑数馬
1	駕輿丁	下長者町通鷹司町	—	渡辺六右衛門
1	駕輿丁	安楽小路	絹布屋	三宅三郎右衛門
1	駕輿丁	堺町通絹屋町	素麺屋	岡村勘左衛門
1	駕輿丁	新地桜町	—	近松彦兵衛
1	駕輿丁	衣棚町夷川上ル町	蒔絵師	吉川忠兵衛
1	駕輿丁	衣棚町夷川上ル町	呉服屋	岡村勘右衛門
1	駕輿丁	衣棚町夷川上ル町	両替屋	田辺彦兵衛
1	駕輿丁	二条通仁王門之町	撰糸屋	長野甚右衛門
1	駕輿丁	室町通竹屋町上ル町	呉服屋	深井幸右衛門
1	駕輿丁	四条坊門本能寺南町	下絵書	山形兵三郎
1	駕輿丁	白山通四条下ル町	紺屋	西嶋吉兵衛
1	駕輿丁	烏丸通手洗水町	縫物屋	八木五郎左衛門
1	駕輿丁	富小路通三条上ル町	白粉屋	神田五郎作
1	駕輿丁	綾小路通り西堂院西江入町	下絵書	中瀬利左衛門
1	右近府沙汰人座人	七条出屋敷南町	青物問屋	神田弥次右衛門
1	駕輿丁	西堂院蛸薬師下ル町	茶染屋	小嶋勘右衛門
1	駕輿丁	油小路通四条上ル町	茶染屋	山中四郎右衛門
1	駕輿丁	堀川通高辻上ル町	—	下村権三郎
1	右近府沙汰人	麩屋町通り松原下ル町	薬種屋	神田民弥
1	駕輿丁	油小路松原下ル町	薬種屋	神田与三
1	駕輿丁右近府座人	油小路通出水上ル大黒屋町	—	降川庄兵衛

西村慎太郎「近世の駕輿丁について（『学習院大学文学部研究年報』52，2005）より．

内に加わり、舁き奉るとぞ。此八瀬の農民は、太上皇の修学院御幸のときに、輿丁を仕るもの也。此一村に限り、惣髪にして前髪を剃らず、粗琉球人の首髪に似たり

と記されている。京都の町民から採用された駕輿丁は帯刀を許され、諸役免除（表7）になるため、富裕の者が競って勤めるという。行幸が距離が長く、重い鳳輦のときは、八瀬童子が加勢することがあり、その髪型が独特であったことに注目している。このほかに、八瀬童子は遠行である近衛氏の江戸参向や文久元年（一八六二）の和宮降嫁でも、駕輿丁を勤めている。

第5章

輿と日本文化

一　明治以降への輿の継承

明治時代に入ると西洋文明が各分野にわたって大量に導入され、交通手段も「駕籠の時代」は終焉し人力車が主流になり、以後、汽車、自動車と変化し、「車の時代」へと急速に発達していく。しかし、明治初期に一気に変化したわけではない。天皇の乗り物は依然として輿であり、外来の異人たちの乗り物は馬と輿が使われていた。『明治商売往来』によると、日光で出会った輿について次のように記述している。

坂にかかったとき、籐椅子の脚のもとに二本の棒をつけて、四人の駕籠かきが神輿を担ぐようにして来るのに出会った。その椅子にマドロスパイプをくゆらせて、英国の夫人があたりを睥睨するように乗っているのに、子供ながら反発を感じた。こんな様式の駕籠は六甲にあったと聞く。その後、香港でこれに似たセダンチェアという駕籠に乗る機会があったが、とてもクッションがよかった。

英国の夫人が乗っていたのは、四人担ぎの小輿か塵取状の輿で、現在も中国各地の観光地では見かける形式である。外国人が遠出の旅をするとき、山岳地では車に対応する道路が未整備のところが多かったため、輿を使用することがあったことがうかがえる。

輿形式の運搬具が使われ続けたのは、神輿と荷輿であった。これが乗用具として再生して広まるのは「担架」である。これは災害や救急時に、人間を運ぶ道具としての利便性が再認されたからである。戦場や災害現場などで、病人や負傷者を運び出すのに、悪条件下でも小人数で機能する運搬具として評価が高まったのである。明治三〇年代以後、風俗史や小説に担架が登場するようになった。この流れはＪＲの各駅に常備されるなど現代も生きており、世界各地で使用される人力運搬具であり、「現代の手輿」ともいえる。

二　交通史における輿

日本の乗用具の歴史をみると、各時代を代表するものは、奈良時代の輿、平安時代の牛車、鎌倉・室町時代の騎馬、江戸時代の駕籠、明治時代の人力車などであり、輿は最も古い時代からの乗り物である。輿は中国、朝鮮でも古くから使われているので、日本へもこの経路から伝来したことが考えられる。

人間の移動は、自分の足で歩くのが基本であるので、乗用具で他の人に運んでもらうのは特別な場合である。これは庶民であれば、病気や大けがなどで自分で歩けなくなった場合に限られ、高貴な人であれば、自ら歩いて行くことはなく、家臣たちによって運ばれるのが常態であった。社会の制度が整ってくると、輿は特別高貴な人の乗り物として位置付けられる。

輿の運搬具としての形式は、人間一人を用具を使って二人以上で運ぶもので、きわめてシンプルである。その起源は中国、朝鮮からの伝来ともいわれるが、病人やけが人を運ばねばならない事態になったら、身近にある板や網などあり合わせの物を利用して急場に対応したことは容易に想像できる。駕籠の原初的なものとされる「あんだ」「あみいた」などとの共通性もあったのではないかと考えられる。

人間を人力だけで運ぶ乗り物の様式を分類すると、①二本以上の轅を肩で担ぐ鳳輦など、②二本の轅を腰のところで、手で持って運ぶ腰（手）輿、③一本の轅で下へぶら下げて肩で担ぐ駕籠の三種類がある。①の肩輿は天皇など特別高貴な人を高く掲げて、多人数で担ぐもので、奈良・平安時代が主流であるが、天皇の乗り物としてはこの様式で明治初期まで継続された。②は鎌倉時代から戦国期に公家、武家、僧俗などに広く用いられた。牛車が衰退した後は、道路条件の悪いところでも簡易に使える乗用具として盛んに利用され、室町・戦国期は「腰輿の時代」といえよう。③の駕籠は一六世紀の後半に登場し、江戸時代には庶民から大名まで身分を越えて広く利用する乗用具となった。

輿の変遷に限ってみると、高貴限定化と簡略拡大化の二つの指向が見られる。前者は鳳凰を頂に掲げ、最高の色彩である紫色の輿である鳳輦で、天皇が乗る最高級の乗り物として位置付けられ、使用者は限定された。後者は平安時代に牛車を使っていた階層の人たちが、腰輿を利用するようになるとともに、さらに、拡大して、全国的に広まっていった。しかし、駕籠のように一般庶民まで拡大して使われることはなく、指導的地位と身分にある人たちが使用の中心であった。

そして、輿は天皇に限って乗用する制が定められ、皇后と斎王のみがとくに乗用を許されたのである。その後、輿の使用者は拡大するが、天皇の乗り物としての輿（鳳輦・葱花輦）の位置付けは、古代から中世・近世を経て、明治初期まで一二〇〇年以上にわたって継続するのである。この間、日本の社会には、牛車、騎馬、駕籠など時代の変化に対応して各種の乗用具が登場するが、天皇の乗り物は一貫して輿であり続けた。

この理由を考えてみると、輿は最高の支配者（神）を運ぶ用具として意味付けたからである。頂に瑞形を象徴する鳳凰や葱花をいただき、屋形を華麗に装飾して、側面を簾で囲って内部を見えないようにする。そして、礼装した駕輿丁たちによって高々と担がれて、周囲に多数の従駕をともなって移動するのは、大王の行列にふさわしい華やかな形態であった。これは日本固有の文化の伝統を継承した明治初期まで変わることはなかった。しかし、開国とともに西欧文明が積極的に導入されて、文明に対する価値感が激変した明治中期以降からは、天皇の乗り物は、馬車が中心となり、その後、汽車、飛行機などと多様化するのである。

輿使用の特色をみると、乗るための特別の技術や訓練の必要はなく、敷物の上に座っていればよいという利用のしやすさがある。そして、製作は得やすい木材や竹、布などを使って比較的容易につくることができ、管理、運用も経済的である。それにもかかわらず、輿が庶民の乗り物にまで拡大しなかったのは、「普通の人は自分で歩くのがあたりまえであり、乗り物を使うのは身分のある特別の人に限られる」という社会通念が生きていたからであろう。室町時代には輿の乗輿規定はとくに触れられていなかったことを考え合わせると、政治制度や乗り物の構造上の要因ではなく、社会風潮の影響が大きいといえる。したがって、輿に乗ることは、特別扱いで、労力と費用をかけたぜいたくな交通手段であり、輿の通行は身分が高いことを表す視覚指標になっていた。輿のつくりを見れば、乗っている人の身分格式が推察できたのである。

輿の形態に象徴される日本固有の文化様式を尊重する考え方は、今日でも形を変えて継承されているものが、日本社会の一角にはいくつかみられる。その最も代表的なものは、各地の祭礼に登場する神輿や輿入れ、玉の輿などである。このほかには、緊急救助用の担架、貴重品運搬用の荷輿、葬式で用いる棺・龕や霊柩車なども輿の運搬様式を受け継いでいる。

また、平安時代に牛車が、一六世紀末には駕籠が登場して、新たな階層でも乗用具として利用されるようになった。これらの影響で、乗り物の格付けは、最上位は天皇の鳳輦、次は唐庇車などの牛車、そして腰輿、駕籠の順となった。江戸時代においてもこれらの乗用具は併存しており、使用がふさわしい人がしかるべき場で使用していた。行幸は鳳輦、和宮降嫁の京都と江戸では牛車、江戸幕府将軍の即位式や元旦登城などの式日には四品以上の高位の人たちは礼装して輿を使用している。輿は駕籠より格上の乗用具としての伝統を保っているのである。つまり、それぞれの時代を代表する乗用具から、次の新しいものに主流は変化しても、格上のところは次代でも継承され、全体としては重層構造の様相である。

一六世紀末期に駕籠が登場して、次第に利用者が拡大していくが、輿から駕籠へ変わっていくというよりは今まで輿を使っていなかった人たちが、新たに乗り物としての駕籠を使い始めるというケースが多いようである。「豊国祭礼図」をみると、祭礼に参集した人たちが乗ってきた乗用具が並べられた一角が注目されるが、輿一挺と駕籠二挺が描かれており、輿、駕籠の併用時代を表している。

輿と駕籠は材質と形態等で類似性が多いが、違いの大きいのは轅の数と乗客の高さである。輿は二本の轅を駕輿丁が肩で担ぎ、乗客を高く掲げるようにして進み、崇高性さえ感じられる。これに対し、駕籠は一本の轅で乗客を下にぶら下げて運ぶので安定性と簡便性は感ずるが威厳性は感じられない。しかし、近世には駕籠の簡便性、安定性が評価されて運びやすいということで輿は主役の座からおりていくことになった。

輿は日本では最も古くからの乗り物であり、天皇の乗用具として明治初期まで使われてきた。乗り物の中では各時代において常に最高の格付けにあったものである。庶民は輿を神輿の形に仕立てて、村々の祭礼で神を移動するときに利用して親しんできた。また、嫁入りのことを「輿入れ」と呼んで、結婚式では、嫁の乗った輿を婿の家の座敷まで担ぎ入れる習俗を長く継続してきた。そして、現在、この行為がなくなっても、言葉として受け継がれて、「輿入れ」が結婚を意味することとして一般的に通用していることに注目したい。また、「玉の輿」の用語も瑞祥としてうらやましがられる対象となっている。これらのことを総合してみると、日本人は輿に対しては「見あげる存在」としてとらえ、憧れや尊敬の念を持ってきたことがうかがえる。

あとがき

「駕籠」を調べているとき、その前代の乗用具である「輿」が折にふれて姿を現したが、実態がよくわからず、私にとってはミステリアスな存在になっていた。輿をじっくりながめてみたいと願っているとき、中国と朝鮮にたて続けに旅行する機会があり、輿に出会うことができた。朝鮮では国立民俗博物館やホテルのロビー、中国では中世の長者の家のほか各地の観光地で現役で活躍していた。平地ではセダン椅子型、山地では竹輿であった。

日本の輿を実見したいといろいろ当たってみたが、駕籠のようには身近に実在しておらず、なかなかその機会に恵まれなかった。平成二一年一月、江戸東京博物館で、開館一五周年記念特別展「珠玉《たま》の輿――江戸と乗物」があり、二挺の輿を見ることができた。江戸時代に津山藩主が江戸城登城時に使った輿と和宮が明治になって乗ったと伝えられる輿で、いずれも漆塗りの塗輿である。駕籠と比べると、がっちりした木組みの大ぶりのつくりで、装飾物が少なく簡素な感じである。装着された二本の轅が長く伸びて安定感がある。乗り降りする前方は、現在は開放されて何もないが、使用していたころは簾が下がっていたに違いない。ともに随所に家紋の金具が配され、シンプルな意匠の中に品格の高さを感ずることができた。

日本は古来から、外国の文物を数多く導入して、日本人に合うように改良して日本社会になじませてきた。輿もこうした流れの一つとして日本へ伝えられたものであろう。そして、輿は天皇など高貴な人だけに限定された乗用具として、特別な扱いを受けるものとなった。天皇の乗り物として、古代から明治初期まで一二〇〇年以上にわたって使用されたのである。

日本の乗り物の主流は、古代から輿、牛車、馬、駕籠、人力車、汽車、自動車と時代の変わり目ごとに変化してきたが、輿はすたれることなく一部の上格者の乗り物として近代まで継続する。そして、今日も神輿、輿入れ、玉の輿など、尊称を表す物や名称として残り、日常的に通用する用語になって親しまれている。

ここにまとめたものは、暇をみつけて調べながら、少しずつ綴ったものである。全体としては、新しい見解というよりは、従来からあちこちに分散していたものを、「輿」の視点から落ち穂拾いのように集めて、関連付けたものである。交通史や民俗学などの専門の立場から見ると間違いや不十分なところがあると思うので、お気付きの点についてご教示いただければ幸いである。

最後に、拙著をまとめるに当たって、先学の諸氏をはじめとして、折にふれて助言や示唆をいただいた方々、資料閲覧と収集、聞き取り調査などでご協力くださった皆様方に心から厚く御礼を申し上げたい。また、本書をまとめるに当たって、具体的なご指導をくださるなど大変お世話になった法政大学出版局の秋田公士氏に心から感謝申し上げる次第である。

参考文献

第1章

(1) 内田道夫『北京風俗図譜』平凡社、一九六四
(2) 市川正一『徳川氏盛世録』平凡社、一九八九
(3) 橋本義則「古代御輿考」、『古代・中世の政治と文化』思文閣出版、一九九四
(4) 二木謙一「足利将軍の出行と乗物」、『武家儀礼格式の研究』吉川弘文館、二〇〇三
(5)『日本書紀』垂仁天皇十五年秋八月条、『国史大系』吉川弘文館、一九七一
(6) 坂本満『南蛮屏風集成』中央公論美術出版、二〇〇八
(7)『金城温古録』(2)、名古屋叢書続編14、一九八四
(8) 山本信吉「藤原実資と鳳輦・葱華輿」、『古事類苑月報』四四、一九七〇
(9) 吉村作治「運ぶ」、『四大文明』日本放送協会、二〇〇一
(10) 児玉幸多編『日本交通史』吉川弘文館、一九九二
(11) 清水みき「古代輿の復原――長岡京の部材進上木簡より」、杉山信三先生米寿記念論文刊行会『平安京歴史研究』、一九九三
(12) 服藤早苗『歴史のなかの皇女たち』小学館、二〇〇二
(13)「明治天皇収穫叡覧」、『熱田神宮名宝図録』熱田神宮宝物館、一九八八
(14) 岡田玉山『婚礼道具図集』、日本古典全集80、現代思潮社、一九八七

(15) 石川良助編『江戸町方の制度』新人物往来社、一九九五
(16) 塙保己一「簾中舊記」、『群書類従』二三、群書類従完成会、一九二八
(17) 関根正直『宮殿調度図解、附車輿図解』六合社、一九〇〇
(18) 「西宮記」、「江家次第」、『日本精神文化大系』第三巻平安時代編、金星堂、一九三四
(19) 『装束集成』明治図書出版、一九九三
(20) 山中裕・鈴木一雄編『平安時代の儀礼と歳時』至文堂、一九九四
(21) 田名網宏『古代の交通』吉川弘文館、一九六九
(22) 『手向山八幡宮と手掻会』奈良国立博物館、二〇〇二
(23) 『文化人類学事典』運搬具、弘文堂、一九八七
(24) 桜井寛『世界乗り物いろいろ事典』強力（中国）、新潮社、二〇〇一
(25) 川崎桃太『フロイスの見た戦国日本』中央公論社、二〇〇三
(26) 松田毅・川崎桃太『フロイス日本史』一巻、中央公論社、一九七七
(27) 『萬葉集』新日本古典文学全集1、岩波書店、一九九九
(28) 「台徳院殿御実紀」巻五十二、『徳川実紀』第二篇、国民大系39、吉川弘文館、一九三〇
(29) 孫伯醇・村松一弥『清俗紀聞』東洋文庫、平凡社、一九六六
(30) 尚乗和、秋田成明訳『中国風俗史』東洋文庫、平凡社、一九六九
(31) 直木孝次郎『壬申の乱』塙書房、一九六一
(32) 『今昔物語集』新日本古典文学大系33、岩波書店、一九九九
(33) 和田萃《あつむ》『日本古代の儀礼と祭祀・信仰』中、塙書房、一九九五
(34) 佐多芳彦『服制と儀式の有職故実』吉川弘文館、二〇〇八
(35) 日高真吾「伝統的乗用具の変遷に関する一考察」、『民具マンスリー』三六―一〇、神奈川大学日本常民文化研究所、二〇〇四

(36)「白輿」、『山梨県史』文化財編、一九九九
(37)日高真吾『女乗物』東海大学出版会、二〇〇八
(38)二木謙一『時代劇と風俗考証』吉川弘文館、二〇〇五
(39)飯沼賢司『八幡神とはなにか』角川書店、二〇〇七
(40)逵日出典《つじひでのり》『八幡神と神仏習合』講談社、二〇〇七
(41)関口すみ子『大江戸の姫さま』角川書店、二〇〇五
(42)読売新聞大阪本社編「和宮降嫁その後——皇女の御輿をみる」、『続・歴史のかたち』淡交社、二〇〇五
(43)『婚礼』徳川美術館、一九九一
(44)狩野博幸『新発見洛中洛外図屏風』花林舎、二〇〇七
(45)庄野新『運びの社会史』白桃書房、一九九六
(46)及川大渓『吾妻鏡索引』日本学術振興会、一九七五
(47)貴志正造訳註『全譯吾妻鏡』第一〜五巻、新人物往来社、一九七七
(48)山本光正『東海道の創造力』臨川書店、二〇〇八
(49)川口順啓『日本の旅・千五百年』弘済出版社、一九九八
(50)犬養廉枝注・訳『更級日記』等、日本古典全集26、小学館、一九九四
(51)岩佐美代子注・訳『十六夜日記』、日本古典全集48、小学館、一九九四
(52)『日本美術全集』8、学習研究社、一九八二
(53)『大御所時代』霊会館、二〇〇二
(54)『お姫様の幕末維新』新人物往来社、二〇〇七
(55)『中山道と和宮皇女』大垣市教育委員会、一九九九
(56)『世界乗り物いろいろ事典』新潮社、二〇〇一
(57)『韓国伝統文化辞典』教育出版、二〇〇六

(58)『韓国の民俗文化財』服装と信仰資料編、岩崎美術社、一九八九
(59)板倉聖宣『日本史再発見』朝日新聞社、一九九三
(60)フォルム・ロマヌム『図解　古代ローマ』東京書籍、二〇〇四
(61)『南蛮屏風集成』中央公論美術出版、二〇〇八
(62)芳賀日出男「諸外国の神輿と山車」『月刊文化財』二八七、文化庁、一九八七
(63)『モノ語り日本史　続・歴史のかたち』淡交社、二〇〇五

第2章

(1)中村太郎「中・近世の陸上交通用具――輿・車、特に駕籠について」、『日本の風俗と文化』創元社、一九九一
(2)『古事類苑――器用部二十九・輿』吉川弘文館、一九七〇
(3)『延喜式上』吉川弘文館、二〇〇〇
(4)松平定信「輿車図考」(故実叢書)明治図書出版、一九六二
(5)寺島良安『和漢三才図会』5、平凡社、一九八六
(6)島田勇雄『貞丈雑記』2、平凡社、一九八五
(7)佐多芳彦「輦輿の雨皮」、『風俗』三二―四、一一七号、一九九四
(8)塙保己一編『武家名目抄』輿馬部二、明治図書出版、一九五二
(9)喜多村信郎『嬉遊笑覧』二下(器用)、緑園書房、一九五九
(10)宮本常一『旅の民俗――はきものとのりもの』八坂書房、一九八七
(11)喜多川守貞『守貞謾稿』東京堂、一九九二
(12)前田泰次『工芸志料』平凡社、一九七六
(13)『筆の御霊』故実叢書30、明治図書出版、一九九三
(14)神奈川大学日本常民研究所編『日本常民生活絵引』平凡社、一九八四

(15)『工芸百科大図鑑』日本図書センター、二〇〇五
(16)樋畑雪湖『日本交通史話』雄山閣、一九三七
(17)雨森久晃「乗物の修復――天上輿について」、『創立三十周年記念誌』元興寺文化財研究所、一九九七
(18)『太平記』新編日本古典文学全集、小学館、一九九四
(19)松野武人『むかし旅、街道曼陀羅』豊川堂、一九九二
(20)江戸東京博物館『珠玉の輿――江戸と乗物』江戸東京博物館、読売新聞東京本社、二〇〇八
(21)『日本合戦図典』雄山閣、一九九七
(22)『日本歴史図録』柏書房、一九九二

第3章

(1)榎村寛之『伊勢斎宮と斎王』塙書房、二〇〇四
(2)黒田日出男『謎解き洛中洛外図』岩波書店、一九九六
(3)芳賀日出男「諸外国の神輿と山車」、『月刊文化財』二八七、一九八七、八
(4)鈴木友也「神輿の発生とその流れ――鞆淵八幡神輿を中心として」、『MUSEUM』三九二、東京国立博物館、一九八二、九
(5)大塚活美「輿に乗る貴人――上杉本洛中洛外図成立の一試論」、『日本史研究』三二二、一九八九
(6)宮内庁『明治天皇紀』第一、吉川弘文館、一九一〇
(7)鈴木景二「日本古代の行幸」、『ヒストリア』一二五、一九八八
(8)ドナルド・キーン『明治天皇』新潮社、二〇〇一
(9)「粉河寺縁起」、『日本の絵巻』5、中央公論社、一九八七
(10)「年中行事絵巻」、『日本の絵巻』8、中央公論社、一九八七
(11)「駒競行幸絵巻」、『日本の絵巻』18、中央公論社、一九八八

(12)「春日権現験記絵」、『日本の絵巻』9、中央公論社、一九九一
(13)「聚楽第行幸図」、『近世風俗図譜』一一巻、小学館、一九八四
(14)『大系朝鮮通信使』第一〜八巻、明石書店、一九九三〜一九九六
(15)「江戸開城と東京遷都」、「天皇の地方巡幸」、『明治時代館』小学館、二〇〇五
(16)『斎王群行と伊勢への旅』斎宮歴史博物館、一九九八
(17)建内光儀『上賀茂神社』学生社、二〇〇三
(18)井上亘『日本古代の天皇と祭儀』吉川弘文館、一九九八
(19)仁藤敦史『古代王権と都城』吉川弘文館、一九九八
(20)『図録太平記絵巻』埼玉新聞社、一九九七
(21)『続日本記』巻十七、新日本古典大系14、岩波書店、一九九五
(22)「東幸」、『明治文化全集』第17巻皇室篇、日本評論社、一九二八
(23)井上亘『日本古代朝政の研究』吉川弘文館、一九九八
(24)『瑞球使節展』豊橋二川本陣資料館、二〇〇一
(25)澤木智子「日本古代の行幸における従駕形態をめぐって」、『史艸』三〇、一九八九
(26)野田有紀子「日本古代の鹵簿と儀式」、『史学雑誌』一〇七—八、史学会、一九九八
(27)杉中浩一郎『熊野の民俗と歴史』清文堂、一九九八
(28)市川中車「遷都の盛儀」、『史話日本の歴史』25、作品社、一九九一
(29)田中彰『近代天皇制への道程』吉川弘文館、二〇〇七
(30)『維新史』5、吉川弘文館、一九四一
(31)久保貴子『後水尾天皇』ミネルヴァ書房、二〇〇八
(32)吉野裕子『天皇の祭り』講談社、二〇〇〇
(33)「聚楽第行幸記」、『群書類従』巻第四十一、群書類従完成会、一九三八

(34)「太閤記十一」行幸、新日本古典文学全集60、岩波書店、一九九六
(35)「平野行幸次第」、『群書類従』巻第二十六、群書類従完成会、一九三八
(36)「北山殿行幸記」、『群書類従』巻第三十九、群書類従完成会、一九三八
(37)所幸子『斎王の歴史と文学』国書刊行会、二〇〇〇
(38)田畑美穂『斎王のみち――伊勢参宮の文化史』中日新聞社、一九八〇
(39)テイチング、沼田次郎訳『日本風俗図誌』雄松堂書店、一九八〇
(40)瀬戸内寂聴訳『源氏物語』講談社、一九九七
(41)三井秀樹「神輿に乗る」、『日本文化のかたち百科』丸善、二〇〇八
(42)シーボルト『日本』図録第二巻、雄松堂書店、一九七八
(43)新谷尚紀・関沢まゆみ『民俗小辞典死と葬送』吉川弘文館、二〇〇五
(44)佐竹昭広他校注『萬葉集』新日本古典文学大系1、岩波書店、一九九九
(45)『栄花物語』日本古典文学全集32、小学館、一九九七
(46)『枕草子』日本古典文学全集18、小学館、一九九七
(47)『紫式部日記』日本古典文学全集26、小学館、一九九四
(48)『大鏡』第六昔物語、新潮古典集成、新潮社、一九八八
(49)「室町殿行幸記」、『群書類従』巻第三、群書類従完成会、一九三三
(50)野田有紀子「行列空間における見物」日本歴史六六〇、吉川弘文館、二〇〇三
(51)藤原重雄『行列図について――鹵簿図・行列指示・絵巻』、古文書研究五三、日本古文書学会、二〇〇一
(52)榎村寛之『伊勢斎宮の歴史と文化』塙書房、二〇〇九
(53)稲田智宏『三種の神器――謎めく天皇家の秘宝』学習研究社、二〇〇七
(54)野田有紀子「古代日本の鹵簿と儀式」史学雑誌一〇七―八、史学会、一九九八
(55)『佐屋町史』通史編、愛知県佐屋町（現愛西市）、一九九六

(56)『愛知県史』三巻、一九三九
(57)『愛知県聖蹟誌』巻一、愛知県庁、一九一九
(58)三田村雅子『源氏物語』新潮社、二〇〇八
(59)『孝明天皇』霊会館、二〇〇四
(60)『明治天皇聖徳録』帝国図書普及会、一九一二
(61)『斎王群行と伊勢への旅』斎宮歴史博物館、一九九八
(62)建内光義『上賀茂神社』学生社、二〇〇三
(63)『日本絵巻全集』5巻、中央公論社、一九八七
(64)内藤東甫『張州雑志』第三巻、愛知県郷土資料刊行会、一九七五
(65)『琉球使節展図録』豊橋二川本陣資料館、二〇〇一
(66)シーボルト『日本』雄松堂書店、一九七八
(67)『民俗小辞典　死と葬送』吉川弘文館、二〇〇五
(68)『国史大辞典』7、吉川弘文館、一九八四

第4章

(1)鈴木棠三編『日本職人辞典』東京堂出版、一九九八
(2)『洛中洛外図大観』(舟木家旧蔵本)、小学館、一九七八
(3)西村慎太郎「近世の駕輿丁について」、『学習院大学文学部研究年報』52、二〇〇五
(4)網野善彦『網野善彦著作集』七巻(三　駕輿丁について)、岩波書店、二〇〇八
(5)池田昭『天皇制と八瀬童子』東方出版、一九九一
(6)宇野日出生『八瀬童子――歴史と文化』思文閣出版、二〇〇七
(7)櫻井芳昭『駕籠』(ものと人間の文化史141)法政大学出版局、二〇〇七

(8) 鈴木棠編『日本職人辞典』東京堂出版、一九九八
(9) 黒田日出男『ナゾとき洛中洛外図』岩波新書、一九九五
(10)『近世風俗図譜』三巻、小学館、一九八三

第5章

(1) 石井研堂『明治事物起源』下、春陽堂書店（国書刊行会）、一九四四
(2) 竹村公太郎『日本文明の謎を解く』清流出版、二〇〇三
(3) 鬼頭宏『文明としての江戸システム』講談社、二〇〇二
(4) 増田義郎「再び文化史像の形成について」、『中央公論』八二巻六二号、一九六七

索　引

さ　行

た　行

な　行

は　行

輿関係年表

西　暦	和　暦	事　　　項
B.C. 630	神武天皇　31	皇輿巡幸・嗛間丘より国見
B.C.　13	垂仁天皇　15	竹野媛　葛野で輿から墜落死
A.D. 673	天　　武　元	壬申の乱・大海人皇子（後の天武天皇）吉野出発，皇后（後の持統天皇）輿で随行
700	持　　統　10	右大臣多治比真人嶋に輿と杖を下賜
702	大　　宝　2	持統上皇　三河行幸
710	和　　銅　3	(平城遷都)
〃	〃	元明天皇　御輿を長屋原に停めて歌を詠む(万葉集)
717	養　　老　元	元正天皇　美濃行幸
718	同　　2	養老令に乗用具としての輿と輦
740	天　　平　12	聖武天皇　関東行幸
749	天平感宝　元	宇佐八幡大神・禰宜尼大神《おおかみ》朝臣杜女《もりめ》が紫の輿に乗って東大寺へ出向き大仏に礼拝
752	天平勝宝　4	大仏開眼　聖武天皇，光明皇后，考謙上皇，高僧ら輿で来所
788	延　　暦　7	(長岡京遷都・長岡京跡で輿の部材進上送り状の木簡出土)
794	同　　13	(平安遷都)
809	大　　同　4	嵯峨天皇の朝覲行幸
823	弘　　仁　14	嵯峨太上天皇　御輿使用せず牛車に（以後御輿は天皇のみ)
889	仁　　和　5	関白太政大臣藤原基経　腰輿許可
1024	万　　寿　元	後一条天皇　駒競行幸（栄花物語)
1186	文　　治　2	源頼家　輿で鶴岡八幡宮参詣
1192	建　　久　3	(鎌倉幕府成立)
1261	弘　　長　元	式目追加で鎌倉での輿使用者を殿上人，僧侶，60 歳以上御家人に限る

西　暦	和　暦	事　　　項
1299	正　安　元	一遍上人絵伝での輿は相模，京都，大坂，西宮などに七挺描かれる
1330	元　徳　2	後醍醐天皇　東大寺，興福寺，延暦寺へ行幸
1333	建　久　3	(室町幕府成立)
1358	延　文　3	行列で将軍足利義詮は牛車，鎌倉公方，管領家は輿，他の武将は騎馬
1408	応　永　15	後小松天皇　北山殿（足利義満）へ行幸
1437	永　享　9	後花園天皇　室町殿（足利義政）へ行幸
1455	康　正　元	輿御免——将軍，三職そのほか御相伴衆，吉良，石橋家
1491	延　徳　3	将軍足利義材　輿で参内（以後牛車での参内なし）
1535	天　文　4	越前・朝倉孝景　塗輿御免（以後，新輿大名，地方豪族も褒賞のように輿免許者出現）
1550	天　文　19	フランシスコ師堺から京都へ輿で行く
1559	永　禄　2	越後守護代長尾景虎　塗輿御免
1587	天　正　15	豊臣秀吉　九州島津攻めにルイス・フロイスから献上のパランキン（輿）に乗って向かう
1588	同　16	後陽成天皇　聚楽第行幸
1595	文　禄　4	秀吉　乗り物公許の身分制定
1603	慶　長　8	(徳川家康　江戸幕府を開く)
1615	同　20	轅の使用・大礼儀式　三家三卿など徳川一門の35家に限る
1626	寛　永　3	後水尾天皇　二条行幸で徳川秀忠のもとへ
1863	文　久　3	孝明天皇　加茂・石清水行幸で攘夷祈願
1868	慶　応　4	(明治維新) 大坂行幸，東幸，還幸
1869	明　治　2	東京行幸
1871	同　4	洋式馬車　天皇の乗用に採用
1872	同　5	天皇　近畿・中国・四国・九州の西国巡幸（艦船・輿・馬・徒歩）　新橋—横浜間に鉄道開業，天皇　汽車に乗車
1876	同　9	奥羽・北海道巡幸で馬車導入
1924	大　正　13	天皇　自動車を乗用
1954	昭　和　29	天皇　飛行機使用

著者略歴

櫻井芳昭（さくらい よしあき）

1938年，愛知県名古屋市に生まれる．愛知学芸大学卒業，愛知県内の小中学校および愛知教育大学附属名古屋中学校，愛知県教育委員会義務教育課長を歴任．交通史研究会会員，名古屋郷土文化会理事．
著書に，『尾張の街道と村』（第一法規出版，1997），『駕籠（ものと人間の文化史 141）』（法政大学出版局，2007），『幕末の尾張藩』（中日出版社，2008），共著に，『下街道』（春日井市教育委員会，1978），『ぼくらの愛知県』（ポプラ社，1984），『社会科基礎学力の指導』（明治図書，1985）などがある．

ものと人間の文化史　156・輿

2011年９月20日　初版第１刷発行

著　者 © 櫻　井　芳　昭
発行所 財団法人 法政大学出版局
〒102-0073 東京都千代田区九段北3-2-7
電話03(5214)5540 振替00160-6-95814
組版・印刷：平文社　製本：誠製本

ISBN 978-4-588-21561-2

Printed in Japan

ものと人間の文化史

★第９回梓会出版文化賞受賞

人間が〈もの〉とのかかわりを通じて営々と築いてきた暮らしの足跡を具体的に辿りつつ文化・文明の基礎を問いなおす。手づくりの〈もの〉の記憶が失われ、〈もの〉離れが進行する危機の時代におくる豊穣な百科叢書。

1 船　須藤利一編

海国日本では古来、漁業・水運・交易はもとより、大陸文化も船によって運ばれた。本書は造船技術、航海の模様の推移を中心に、漂流、船霊信仰、伝説の数々を語る。四六判３６８頁 '68

2 狩猟　直良信夫

人類の歴史は狩猟から始まった。本書は、わが国の遺跡に出土する獣骨、猟具の実証的考察をおこないながら、狩猟をつうじて発展した人間の知恵と生活の軌跡を辿る。四六判２７２頁 '68

3 からくり　立川昭二

〈からくり〉は自動機械であり、驚嘆すべき庶民の技術的創意がこめられている。本書は、日本と西洋のからくりを発掘・復元・遍歴し、埋もれた技術の水脈をさぐる。四六判４１０頁 '69

4 化粧　久下司

美を求める人間の心が生みだした化粧—その手法と道具に語らせた人間の欲望と本性、そして社会関係。歴史を遡り、全国を踏査して書かれた比類ない美と醜の文化史。四六判３６８頁 '70

5 番匠　大河直躬

番匠はわが国中世の建築工匠。地方・在地を舞台に開花した彼らの造型・装飾・工法等の諸技術、さらに信仰と生活等、職人以前の独自で多彩な工匠的世界を描き出す。四六判２８８頁 '71

6 結び　額田巌

〈結び〉の発達は人間の叡知の結晶である。本書はその諸形態および技法を作業・装飾・象徴の三つの系譜に辿り、〈結び〉のすべてを民俗学的・人類学的に考察する。四六判２６４頁 '72

7 塩　平島裕正

人類史に貴重な役割を果たしてきた塩をめぐって、発見から伝承・製造技術の発展過程にいたる総体を歴史的に描き出すとともに、その多彩な効用と味覚の秘密を解く。四六判２７２頁 '73

8 はきもの　潮田鉄雄

田下駄・かんじき・わらじなど、日本人の生活の礎となってきた伝統的はきものの成り立ちと変遷を、二〇年余の実地調査と細密な観察・描写によって辿る庶民生活史　四六判２８０頁 '73

9 城　井上宗和

古代城塞・城柵から近世代名の居城として集大成されるまでの日本の城の変遷を辿り、文化の各領野で果たしてきたその役割を再検討。あわせて世界城郭史に位置づける。四六判３１０頁 '73

10 竹　室井綽

食生活、建築、民芸、造園、信仰等々にわたって、竹と人間との交流史は驚くほど深く永い。その多岐にわたる発展の過程を個々に辿り、竹の特異な性格を浮彫にする。四六判３２４頁 '73

11 海藻　宮下章

古来日本人にとって生活必需品とされてきた海藻をめぐって、その採取・加工法の変遷、商品としての流通史および神事・祭事での役割に至るまでを歴史的に考証する。四六判３３０頁 '74

12 絵馬　岩井宏實
古くは祭礼における神への献馬にはじまり、民間信仰と絵画のみごとな結晶として民衆の手で描かれ祀り伝えられてきた各地の絵馬を豊富な写真と史料によってたどる。四六判３０２頁 '74

13 機械　吉田光邦
畜力・水力・風力などの自然のエネルギーを利用し、幾多の改良を経て形成された初期の機械の歩みを検証し、日本文化の形成における科学・技術の役割を再検討する。四六判２４２頁 '74

14 狩猟伝承　千葉徳爾
狩猟には古来、感謝と慰霊の祭祀がともない、人獣交渉の豊かで意味深い歴史があった。狩猟用具、巻物、儀式具、またけものたちの生態を通して語る狩猟文化の世界。四六判３４６頁 '75

15 石垣　田淵実夫
採石から運搬、加工、石積みに至るまで、石垣の造成をめぐって積み重ねられてきた石工たちの苦闘の足跡を掘り起こし、その独自な技術の形成過程と伝承を集成する。四六判２２４頁 '75

16 松　高嶋雄三郎
日本人の精神史に深く根をおろした松の伝承に光を当て、食用、薬用等の実用の松、祭祀・観賞用の松、さらに文学・芸能・美術に表現された松のシンボリズムを説く。四六判３４２頁 '75

17 釣針　直良信夫
人と魚との出会いから現在に至るまで、釣針がたどった一万有余年の変遷を、世界各地の遺跡出土物を通して実証しつつ、漁撈によって生きた人々の生活と文化を探る。四六判２７８頁 '76

18 鋸　吉川金次
鋸鍛冶の家に生まれ、鋸の研究を生涯の課題とする著者が、出土遺品や文献・絵画により各時代の鋸を復元・実験し、庶民の手仕事にみられる驚くべき合理性を実証する。四六判３６０頁 '76

19 農具　飯沼二郎／堀尾尚志
鍬と犂の交代・進化の歩みとして発達したわが国農耕文化の発展経過を世界史的視野において再検討しつつ、無名の農民たちによる驚くべき創意のかずかずを記録する。四六判２２０頁 '76

20 包み　額田巌
結びとともに文化の起源にかかわる〈包み〉の系譜を人類史的視野において捉え、衣・食・住をはじめ社会・経済史、信仰、祭事などにおけるその実際と役割とを描く。四六判３５４頁 '77

21 蓮　阪本祐二
仏教における蓮の象徴的位置の成立と深化、美術・文芸等に見る人間とのかかわりを歴史的に考察。また大賀蓮はじめ多様な品種とその来歴を紹介しつつその美を語る。四六判３０６頁 '77

22 ものさし　小泉袈裟勝
ものをつくる人間にとって最も基本的な道具であり、数千年にわたって社会生活を律してきたその変遷を実証的に追求し、歴史の中で果たしてきた役割を浮彫りにする。四六判３１４頁 '77

23-I 将棋I　増川宏一
その起源を古代インドに、我国への伝播の道すじを海のシルクロードに探り、また伝来後一千年におよぶ日本将棋の変化と発展を盤、駒、ルール等にわたって跡づける。四六判２８０頁 '77

23-Ⅱ 将棋Ⅱ　増川宏一

わが国伝来後の普及と変遷を貴族や武家・豪商の日記等に博捜し、遊戯者の歴史をあとづけると共に、中国伝来説の誤りを正し、将棋宗家の位置と役割を明らかにする。　四六判３４６頁　'85

24 湿原祭祀　第2版　金井典美

古代日本の自然環境に着目し、各地の湿原聖地を稲作社会との関連において捉え直して古代国家成立の背景を浮彫にしつつ、水と植物にまつわる日本人の宇宙観を探る。　四六判４１０頁　'77

25 臼　三輪茂雄

臼が人類の生活文化の中で果たしてきた役割を、各地に遺る貴重な民俗資料・伝承と実地調査にもとづいて解明。失われゆく道具のなかに、未来の生活文化の姿を探る。　四六判４１２頁　'78

26 河原巻物　盛田嘉徳

中世末期以来の被差別部落民が生きる権利を守るために偽作し護り伝えてきた河原巻物を全国にわたって踏査し、そこに秘められた最底辺の人びとの叫びに耳を傾ける。　四六判２２６頁　'78

27 香料　日本のにおい　山田憲太郎

焼香供養の香から趣味としての薫物へ、さらに沈香木を焚く香道へと変遷した日本の「匂い」の歴史を豊富な史料に基づいて辿り、我国風俗史の知られざる側面を描く。　四六判３７０頁　'78

28 神像　神々の心と形　景山春樹

神仏習合によって変貌しつつも、常にその原型＝自然を保持してきた日本の神々の造型を図像学的方法によって捉え直し、その多彩な形象に日本人の精神構造をさぐる。　四六判３４２頁　'78

29 盤上遊戯　増川宏一

祭具・占具としての発生を『死者の書』をはじめとする古代の文献にさぐり、形状・遊戯法を分類しつつその〈進化〉の過程を考察。〈遊戯者たちの歴史〉をも跡づける。　四六判３２６頁　'78

30 筆　田淵実夫

筆の里・熊野に筆づくりの現場を訪ねて、筆匠たちの境涯と製筆の由来を克明に記録しつつ、筆の発生と変遷、種類、製筆法、さらには筆塚、筆供養にまで説きおよぶ。　四六判２０４頁　'78

31 ろくろ　橋本鉄男

日本の山野を漂移しつづけ、高度の技術文化と幾多の伝説とをもたらした特異な旅職集団＝木地屋の生態を、その呼称、地名、伝承、文書等をもとに生き生きと描く。　四六判４６０頁　'79

32 蛇　吉野裕子

日本古代信仰の根幹をなす蛇巫をめぐって、祭事におけるさまざまな蛇の「もどき」や各種の蛇の造型・伝承に鋭い考証を加え、忘れられたその呪性を大胆に暴き出す。　四六判２５０頁　'79

33 鋏（はさみ）　岡本誠之

梃子の原理の発見から鋏の誕生に至る過程を推理し、日本鋏の特異な歴史的位置を明らかにするとともに、刀鍛冶等から転進した鋏職人たちの創意と苦闘の跡をたどる。　四六判３９６頁　'79

34 猿　廣瀬鎮

嫌悪と愛玩、軽蔑と畏敬の交錯する日本人とサルとの関わりあいの歴史を、狩猟伝承や祭祀・風習、美術・工芸や芸能のなかに探り、日本人の動物観を浮彫りにする。　四六判２９２頁　'79

35 **鮫** 矢野憲一

神話の時代から今日まで、津々浦々につたわるサメの伝承とサメをめぐる海の民俗を集成し、神饌、食用、薬用等に活用されてきたサメと人間のかかわりの変遷を描く。四六判２９２頁 '79

36 **枡** 小泉袈裟勝

米の経済の枢要をなす器として千年余にわたり日本人の生活の中に生きてきた枡の変遷をたどり、記録・伝承をもとにこの独特な計量器が果たした役割を再検討する。四六判３２２頁 '80

37 **経木** 田中信清

食品の包装材料として近年まで身近に存在した経木の起源を、こけら経や塔婆、木簡、屋根板等に遡って明らかにし、その製造・流通に携った人々の労苦の足跡を辿る。四六判２８８頁 '80

38 **色** 染と色彩 前田雨城

わが国古代の染色技術の復元と文献解読をもとに日本色彩史を体系づけ、赤・白・青・黒等におけるわが国独自の色彩感覚を探りつつ日本文化における色の構造を解明。四六判３２０頁 '80

39 **狐** 陰陽五行と稲荷信仰 吉野裕子

その伝承と文献を渉猟しつつ、中国古代哲学＝陰陽五行の原理の応用という独自の視点から、謎とされてきた稲荷信仰と狐との密接な結びつきを明快に解き明かす。四六判２３２頁 '80

40-I **賭博I** 増川宏一

時代、地域、階層を超えて連綿と行なわれてきた賭博。――その起源を古代の神判、スポーツ、遊戯等の中に探り、抑圧と許容の歴史を物語る。全III分冊の〈総説篇〉。四六判２９８頁 '80

40-II **賭博II** 増川宏一

古代インド文学の世界からラスベガスまで、賭博の形態・用具・方法の時代的特質を明らかにし、夥しい禁令に賭博の不滅のエネルギーを見る。全III分冊の〈外国篇〉。四六判４５６頁 '82

40-III **賭博III** 増川宏一

聞香、闘茶、笠附等、わが国独特の賭博を中心にその具体例を網羅し、方法の変遷に賭博の時代性を探りつつ禁令の改廃に時代の賭博観を追う。全III分冊の〈日本篇〉。四六判３８８頁 '83

41-I **地方仏I** むしゃこうじ・みのる

古代から中世にかけて全国各地で作られた無銘の仏像を訪ね、素朴で多様なノミの跡に民衆の祈りと地域の願望を探る。宗教の伝播、文化の創造を考える異色の紀行。四六判２５６頁 '80

41-II **地方仏II** むしゃこうじ・みのる

紀州や飛騨を中心に草の根の仏たちを訪ねて、その相好と像容の魅力を探り、技法を比較考証して仏像彫刻史に位置づけつつ、中世地域社会の形成と信仰の実態に迫る。四六判２６０頁 '97

42 **南部絵暦** 岡田芳朗

田山・盛岡地方で「盲暦」として古くから親しまれてきた独得の絵解き暦を詳しく紹介しつつその全体像を復元する。その無類の生活暦は、南部農民の哀歓をつたえる。四六判２８８頁 '80

43 **野菜** 在来品種の系譜 青葉高

蕪、大根、茄子等の日本在来野菜をめぐって、その渡来・伝播経路、品種分布と栽培のいきさつを各地の伝承や古記録をもとに辿り、畑作文化の源流とその風土を描く。四六判３６８頁 '81

44 つぶて　中沢厚

弥生投弾、古代・中世の石戦と印地の様相、投石具の発達を展望しつつ、願かけの小石、正月つぶて、石こづみ等の習俗を辿り、石塊に託した民衆の願いや怒りを探る。四六判３３８頁　'81

45 壁　山田幸一

弥生時代から明治期に至るわが国の壁の変遷を壁塗＝左官工事の側面から辿り直し、その技術的復元・考証を通じて建築史・文化史における壁の役割を浮き彫りにする。四六判２９６頁　'81

46 簞笥（たんす）　小泉和子

近世における簞笥の出現＝箱から抽斗への転換に着目し、以降近現代に至るその変遷を社会・経済・技術の側面からあとづける。著者自身による簞笥製作の記録を付す。四六判３７８頁　'82

47 木の実　松山利夫

山村の重要な食糧資源であった木の実をめぐる各地の記録・伝承を集成し、その採集・加工における幾多の試みを実地に検証しつつ、稲作農耕以前の食生活文化を復元。四六判３８４頁　'82

48 秤（はかり）　小泉袈裟勝

秤の起源を東西に探るとともに、わが国律令制下における中国制度の導入、近世商品経済の発展に伴う秤座の出現、明治期近代化政策による洋式秤受容等の経緯を描く。四六判３２６頁　'82

49 鶏（にわとり）　山口健児

神話・伝説をはじめ遠い歴史の中の鶏を古今東西の伝承・文献に探り、特に我国の信仰・絵画・文学等に遺された鶏の足跡を追って、鶏をめぐる民俗の記憶を蘇らせる。四六判３４６頁　'83

50 燈用植物　深津正

人類が燈火を得るために用いてきた多種多様な植物との出会いと個個の植物の来歴、特性及びはたらきを詳しく検証しつつ「あかり」の原点を問いなおす異色の植物誌。四六判４４２頁　'83

51 斧・鑿・鉋（おの・のみ・かんな）　吉川金次

古墳出土品や文献・絵画をもとに、古代から現代までの斧・鑿・鉋を復元・実験し、労働体験によって生まれた民衆の知恵と道具の変遷を蘇らせる異色の日本木工具史。四六判３０４頁　'84

52 垣根　額田巌

大和・山辺の道に神々と垣との関わりを探り、各地に垣の伝承を訪ねて、寺院の垣、民家の垣、露地の垣など、風土と生活に培われた生垣の独特のはたらきと美を描く。四六判２３４頁　'84

53-Ⅰ 森林Ⅰ　四手井綱英

森林生態学の立場から、森林のなりたちとその生活史を辿りつつ、産業の発展と消費社会の拡大により刻々と変貌する森林の現状を語り、未来への再生のみちをさぐる。四六判３０６頁　'85

53-Ⅱ 森林Ⅱ　四手井綱英

森林と人間との多様なかかわりを包括的に語り、人と自然が共生するための森や里山をいかにして創出するか、森林再生への具体的な方策を提示する21世紀への提言。四六判３０８頁　'98

53-Ⅲ 森林Ⅲ　四手井綱英

地球規模で進行しつつある森林破壊の現状を実地に踏査し、森と人が共存する日本人の伝統的自然観を未来へ伝えるために、いま何が必要なのかを具体的に提言する。四六判３０４頁　'00

54 **海老**（えび）　酒向昇

人類との出会いからエビの科学、漁法、さらには調理法を語り、めでたい姿態と色彩にまつわる多彩なエビの民俗を、地名や人名、詩歌・文学、絵画や芸能の中に探る。四六判４２８頁 '85

55-Ⅰ **藁**（わら）Ⅰ　宮崎清

稲作農耕とともに二千年余の歴史をもち、日本人の全生活領域に生きてきた藁の文化を日本文化の原型として捉え、風土に根ざしたそのゆたかな遺産を詳細に検討する。四六判４００頁 '85

55-Ⅱ **藁**（わら）Ⅱ　宮崎清

床・畳から壁・屋根にいたる住居における藁の製作・使用のメカニズムを明らかにし、日本人の生活空間における藁の役割を見なおすとともに、藁の文化の復権を説く。四六判４００頁 '85

56 **鮎**　松井魁

清楚な姿態と独特な味覚によって、日本人の目と舌を魅了しつづけてきたアユ——その形態と分布、生態、漁法等を詳述し、古今のアユ料理や文芸にみるアユにおよぶ。四六判２９６頁 '86

57 **ひも**　額田巌

物と物、人と物とを結びつける不思議な力を秘めた「ひも」の謎を追って、民俗学的視点から多角的なアプローチを試みる。『結び』、『包み』につづく三部作の完結篇。四六判２５０頁 '86

58 **石垣普請**　北垣聰一郎

近世石垣の技術者集団「穴太」の足跡を辿り、各地城郭の石垣遺構の実地調査と資料・文献をもとに石垣普請の歴史的系譜を復元しつつ石工たちの技術伝承を集成する。四六判４３８頁 '87

59 **碁**　増川宏一

その起源を古代の盤上遊戯に探ると共に、定着以来二千年の歴史を時代の状況や遊び手の社会環境との関わりにおいて跡づける。逸話や伝説を排して綴る初の囲碁全史。四六判３６６頁 '87

60 **日和山**（ひよりやま）　南波松太郎

千石船の時代、航海の安全のために観天望気した日和山——多くは忘れられ、あるいは失われた船舶・航海史の貴重な遺跡を追って、全国津々浦々におよんだ調査紀行。四六判３８２頁 '88

61 **篩**（ふるい）　三輪茂雄

臼とともに人類の生産活動に不可欠な道具であった篩、箕（み）、笊（ざる）の多彩な変遷を豊富な図解入りでたどり、現代技術の先端に再生するまでの歩みをえがく。四六判３３４頁 '89

62 **鮑**（あわび）　矢野憲一

縄文時代以来、貝肉の美味と貝殻の美しさによって日本人を魅了し続けてきたアワビ——その生態と養殖、神饌としての歴史、漁法、螺鈿の技法からアワビ料理に及ぶ。四六判３４４頁 '89

63 **絵師**　むしゃこうじ・みのる

日本古代の渡来画工から江戸前期の菱川師宣まで、時代の代表的絵師の列伝で辿る絵画制作の文化史。前近代社会における絵画の意味や芸術創造の社会的条件を考える。四六判２３０頁 '90

64 **蛙**（かえる）　碓井益雄

動物学の立場からその特異な生態を描き出すとともに、和漢洋の文献資料を駆使して故事・習俗・神事・民話・文芸・美術工芸にわたる蛙の多彩な活躍ぶりを活写する。四六判３８２頁 '89

65-I 藍（あい）I 風土が生んだ色 竹内淳子

全国各地の〈藍の里〉を訪ねて、藍栽培から染色・加工のすべてにわたり、藍とともに生きた人々の伝承を克明に描き、風土と人間が生んだ〈日本の色〉の秘密を探る。四六判416頁 '91

65-II 藍（あい）II 暮らしが育てた色 竹内淳子

日本の風土に生まれ、伝統に育てられた藍が、今なお暮らしの中で生き生きと活躍しているさまを、手わざに生きる人々との出会いを通じて描く。藍の里紀行の続篇。 四六判406頁 '99

66 橋 小山田了三

丸木橋・舟橋・吊橋から板橋・アーチ型石橋まで、人々に親しまれてきた各地の橋を訪ねて、その来歴と築橋の技術伝承を辿り、土木文化の伝播・交流の足跡をえがく。四六判312頁 '91

67 箱 宮内悊

日本の伝統的な箱（櫃）と西欧のチェストを比較文化史の視点から考察し、居住・収納・運搬・装飾の各分野における箱の重要な役割とその多彩な文化を浮彫りにする。四六判390頁 '91

68-I 絹I 伊藤智夫

養蚕の起源を神話や説話に探り、伝来の時期とルートを跡づけ、記紀・万葉の時代から近世に至るまで、それぞれの時代・社会・階層が生み出した絹の文化を描き出す。四六判304頁 '92

68-II 絹II 伊藤智夫

生糸と絹織物の生産と輸出が、わが国の近代化にはたした役割を描くと共に、養蚕の道具、信仰や庶民生活にわたる養蚕と絹の民俗、さらには蚕の種類と生態におよぶ。四六判294頁 '92

69 鯛（たい） 鈴木克美

古来「魚の王」とされてきた鯛をめぐって、その生態・味覚から漁法、祭り、工芸、文芸にわたる多彩な伝承文化を語りつつ、鯛と日本人とのかかわりの原点をさぐる。四六判418頁 '92

70 さいころ 増川宏一

古代神話の世界から近現代の博徒の動向まで、さいころの役割を各時代・社会に位置づけ、木の実や貝殻のさいころから投げ棒型や立方体のさいころへの変遷をたどる。四六判374頁 '92

71 木炭 樋口清之

炭の起源から炭焼、流通、経済、文化にわたる木炭の歩みを歴史・考古・民俗の知見を総合して描き出し、独自で多彩な文化を育んできた木炭の尽きせぬ魅力を語る。四六判296頁 '93

72 鍋・釜（なべ・かま） 朝岡康二

日本をはじめ韓国、中国、インドネシアなど東アジアの各地を歩きながら鍋・釜の製作と使用の現場に立ち会い、調理をめぐる庶民生活の変遷とその交流の足跡を探る。四六判326頁 '93

73 海女（あま） 田辺悟

その漁の実際と社会組織、風習、信仰、民具などを克明に描くとともに海女の起源・分布・交流を探り、わが国漁撈文化の古層としての海女の生活と文化をあとづける。四六判294頁 '93

74 蛸（たこ） 刀禰勇太郎

蛸をめぐる信仰や多彩な民間伝承を紹介するとともに、その生態・分布・捕獲法・繁殖と保護・調理法などを集成し、日本人と蛸との知られざるかかわりの歴史を探る。四六判370頁 '94

75 曲物（まげもの） 岩井宏實
桶・樽出現以前から伝承され、古来最も簡便・重宝な木製容器として愛用された曲物の加工技術と機能・利用形態の変遷をさぐり、手づくりの「木の文化」を見なおす。四六判318頁 '94

76-I 和船I 石井謙治
江戸時代の海運を担った千石船（弁才船）について、その構造と技術、帆走性能を綿密に調査し、通説の誤りを正すとともに、海難と信仰、船絵馬等の考察にもおよぶ。四六判436頁 '95

76-II 和船II 石井謙治
造船史から見た著名な船を紹介し、遣唐使船や遣欧使節船、幕末の洋式船における外国技術の導入について論じつつ、船の名称と船型を海船・川船にわたって解説する。四六判316頁 '95

77-I 反射炉I 金子功
日本初の佐賀鍋島藩の反射炉と精練方＝理化学研究所、島津藩の反射炉と集成館＝近代工場群を軸に、日本の産業革命の時代における人と技術を現地に訪ねて発掘する。四六判244頁 '95

77-II 反射炉II 金子功
伊豆韮山の反射炉をはじめ、全国各地の反射炉建設にかかわった有名無名の人々の足跡をたどり、開国か攘夷かに揺れる幕末の政治と社会の悲喜劇をも生き生きと描く。四六判226頁 '95

78-I 草木布（そうもくふ）I 竹内淳子
風土に育まれた布を求めて全国各地を歩き、木綿普及以前に山野の草木を利用して豊かな衣生活文化を築き上げてきた庶民の知られざる知恵のかずかずを実地にさぐる。四六判282頁 '95

78-II 草木布（そうもくふ）II 竹内淳子
アサ、クズ、シナ、コウゾ、カラムシ、フジなどの草木の繊維から、どのようにして糸を採り、布を織っていたのか――聞書きをもとに忘れられた技術と文化を発掘する。四六判282頁 '95

79-I すごろくI 増川宏一
古代エジプトのセネト、ヨーロッパのバクギャモン、中近東のナルド、中国の双陸などの系譜に日本の盤雙六を位置づけ、遊戯・賭博としてのその数奇なる運命を辿る。四六判312頁 '95

79-II すごろくII 増川宏一
ヨーロッパの鵞鳥のゲームから日本中世の浄土双六、近世の華麗な絵双六、さらには近現代の少年誌の附録まで、絵双六の変遷を追って時代の社会・文化を読みとる。四六判390頁 '95

80 パン 安達巖
古代オリエントに起ったパン食文化が中国・朝鮮を経て弥生時代の日本に伝えられたことを史料と伝承をもとに解明し、わが国パン食文化二〇〇〇年の足跡を描き出す。四六判260頁 '96

81 枕（まくら） 矢野憲一
神さまの枕・大嘗祭の枕から枕絵の世界まで、人生の三分の一を共に過す枕をめぐって、その材質の変遷を辿り、伝説と怪談、俗信と民俗、エピソードを興味深く語る。四六判252頁 '96

82-I 桶・樽（おけ・たる）I 石村真一
日本、中国、朝鮮、ヨーロッパにわたる厖大な資料を集成してその豊かな文化の系譜を探り、東西の木工技術史を比較しつつ世界史的視野から桶・樽の文化を描き出す。四六判388頁 '97

82-Ⅱ 桶・樽（おけ・たる）Ⅱ　石村真一

多数の調査資料と絵画・民俗資料をもとにその製作技術を復元し、東西の木工技術を比較考証しつつ、技術文化史の視点から桶・樽製作の実態とその変遷を跡づける。　四六判３７２頁　'97

82-Ⅲ 桶・樽（おけ・たる）Ⅲ　石村真一

樹木と人間とのかかわり、製作者と消費者とのかかわりを通じて桶樽と生活文化の変遷を考察し、木材資源の有効利用という視点から桶樽の文化史的役割を浮彫にする。　四六判３５２頁　'97

83-Ⅰ 貝Ⅰ　白井祥平

世界各地の現地調査と文献資料を駆使して、古来至高の財宝とされてきた宝貝のルーツとその変遷を探り、貝と人間とのかかわりの歴史を「貝貨」の文化史として描く。　四六判３８６頁　'97

83-Ⅱ 貝Ⅱ　白井祥平

サザエ、アワビ、イモガイなど古来人類とかかわりの深い貝をめぐって、その生態・分布・地方名、装身具や貝貨としての利用法などを豊富なエピソードを交えて語る。　四六判３２８頁　'97

83-Ⅲ 貝Ⅲ　白井祥平

シンジュガイ、ハマグリ、アカガイ、シャコガイなどをめぐって世界各地の民族誌を渉猟し、それらが人類文化に残した足跡を辿る。参考文献一覧／総索引を付す。　四六判３９２頁　'97

84 松茸（まつたけ）　有岡利幸

秋の味覚として古来珍重されてきた松茸の由来を求めて、稲作文化と里山（松林）の生態系から説きおこし、日本人の伝統的生活文化の中に松茸流行の秘密をさぐる。　四六判２９６頁　'97

85 野鍛冶（のかじ）　朝岡康二

鉄製農具の製作・修理・再生を担ってきた農鍛冶の歴史的役割を探り、近代化の大波の中で変貌する職人技術の実態をアジア各地のフィールドワークを通して描き出す。　四六判２８０頁　'98

86 稲　品種改良の系譜　菅　洋

作物としての稲の誕生、稲の渡来と伝播の経緯から説きおこし、明治以降主として庄内地方の民間育種家の手によって飛躍的発展をとげたわが国品種改良の歩みを描く。　四六判３３２頁　'98

87 橘（たちばな）　吉武利文

永遠のかぐわしい果実として日本の神話・伝説に特別の位置を占めて語り継がれてきた橘をめぐって、その育まれた風土とかずかずの伝承の中に日本文化の特質を探る。　四六判２８６頁　'98

88 杖（つえ）　矢野憲一

神の依代としての杖や仏教の錫杖に杖と信仰とのかかわりを探り、人類が突きつつ歩んだその歴史と民俗を興味ぶかく語る。多彩な材質と用途を網羅した杖の博物誌。　四六判３１４頁　'98

89 もち（糯・餅）　渡部忠世／深澤小百合

モチイネの栽培・育種から食品加工、民俗、儀礼にわたってそのルーツと伝承の足跡をたどり、アジア稲作文化という広範な視野からこの特異な食文化の謎を解明する。　四六判３３０頁　'98

90 さつまいも　坂井健吉

その栽培の起源と伝播経路を跡づけるとともに、わが国伝来後四百年の経緯を詳細にたどり、世界に冠たる育種と栽培・利用法を築いた人々の知られざる足跡をえがく。　四六判３２８頁　'99

91 珊瑚 (さんご) 鈴木克美
海岸の自然保護に重要な役割を果たす岩石サンゴから宝飾品として知られる宝石サンゴまで、人間生活と深くかかわってきたサンゴの多彩な姿を人類文化史として描く。四六判370頁 '99

92-I 梅I 有岡利幸
万葉集、源氏物語、五山文学などの古典や天神信仰に表れた梅の足跡を克明に辿りつつ日本人の精神史に刻印された梅を浮彫にし、梅と日本人の二〇〇〇年史を描く。四六判274頁 '99

92-II 梅II 有岡利幸
その植生と栽培、伝承、梅の名所や鑑賞法の変遷から戦前の国定教科書に表れた梅まで、梅と日本人との多彩なかかわりを探り、桜との対比において梅の文化史を描く。四六判338頁 '99

93 木綿口伝 (もめんくでん) 第2版 福井貞子
老女たちからの聞書を経糸とし、厖大な遺品・資料を緯糸として、母から娘へと幾代にも伝えられた手づくりの木綿文化を掘り起し、近代の木綿の盛衰を描く。増補版 四六判336頁 '00

94 合せもの 増川宏一
「合せる」には古来、一致させるの他に、競う、闘う、比べる等の意味があった。貝合せや絵合せ等の遊戯・賭博を中心に、広範な人間の営みを「合せる」行為に辿る。四六判300頁 '00

95 野良着 (のらぎ) 福井貞子
明治初期から昭和四〇年までの野良着を収集・分類・整理し、それらの用途と年代、形態、材質、重量、呼称などを精査して、働く庶民の創意にみちた生活史を描く。四六判292頁 '00

96 食具 (しょくぐ) 山内昶
東西の食文化に関する資料を渉猟し、食法の違いを人間の自然に対するかかわり方の違いとして捉えつつ、食具を人間と自然をつなぐ基本的な媒介物として位置づける。四六判292頁 '00

97 鰹節 (かつおぶし) 宮下章
黒潮からの贈り物・カツオの漁法から鰹節の製法や食法、商品としての流通までを歴史的に展望するとともに、沖縄やモルジブ諸島の調査をもとにそのルーツを探る。四六判382頁 '00

98 丸木舟 (まるきぶね) 出口晶子
先史時代から現代の高度文明社会まで、もっとも長期にわたり使われてきた刳り舟に焦点を当て、その技術伝承を辿りつつ、森や水辺の文化の広がりと動態をえがく。四六判324頁 '01

99 梅干 (うめぼし) 有岡利幸
日本人の食生活に不可欠の自然食品・梅干をつくりだした先人たちの知恵に学ぶとともに、健康増進に驚くべき薬効を発揮する、その知られざるパワーの秘密を探る。四六判300頁 '01

100 瓦 (かわら) 森郁夫
仏教文化と共に中国・朝鮮から伝来し、一四〇〇年にわたり日本の建築を飾ってきた瓦をめぐって、発掘資料をもとにその製造技術、形態、文様などの変遷をたどる。四六判320頁 '01

101 植物民俗 長澤武
衣食住から子供の遊びまで、幾世代にも伝承された植物をめぐる暮らしの知恵を克明に記録し、高度経済成長期以前の農山村の豊かな生活文化を愛惜をこめて描き出す。四六判348頁 '01

102 **箸**（はし） 向井由紀子／橋本慶子

そのルーツを中国、朝鮮半島に探るとともに、日本人の食生活に不可欠の食具となり、日本文化のシンボルとされるまでに洗練された箸の文化の変遷を総合的に描く。 四六判３３４頁 '01

103 **採集** ブナ林の恵み 赤羽正春

縄文時代から今日に至る採集・狩猟民の暮らしを復元し、動物の生態系と採集生活の関連を明らかにしつつ、民俗学と考古学の両面から山に生かされた人々の姿を描く。 四六判２９８頁 '01

104 **下駄** 神のはきもの 秋田裕毅

古墳や井戸等から出土する下駄に着目し、下駄が地上と地下の他界を結ぶ聖なるはきものであったという大胆な仮説を提出、日本の神々の忘れられた側面を浮彫にする。 四六判３０４頁 '02

105 **絣**（かすり） 福井貞子

膨大な絣遺品を収集・分類し、絣産地を実地に調査して絣の技法と文様の変遷を地域別・時代別に跡づけ、明治・大正・昭和の手づくりの染織文化の盛衰を描き出す。 四六判３１０頁 '02

106 **網**（あみ） 田辺悟

漁網を中心に、網に関する基本資料を網羅して網の変遷と網をめぐる民俗を体系的に描き出し、網の文化を集成する。「網に関する小事典」「網のある博物館」を付す。 四六判３１６頁 '02

107 **蜘蛛**（くも） 斎藤慎一郎

「土蜘蛛」の呼称で畏怖される一方「クモ合戦」など子供の遊びとしても親しまれてきたクモと人間との長い交渉の歴史をその深層に遡って追究した異色のクモ文化論。 四六判３２０頁 '02

108 **襖**（ふすま） むしゃこうじ・みのる

襖の起源と変遷を建築史・絵画史の中に探りつつその用と美を浮彫にし、衝立・障子・屏風等と共に日本建築の空間構成に不可欠の建具となるまでの経緯を描き出す。 四六判２７０頁 '02

109 **漁撈伝承**（ぎょろうでんしょう） 川島秀一

漁師たちからの聞き書きをもとに、寄り物、船霊、大漁旗など、漁撈にまつわる〈もの〉の伝承を集成し、海の道によって運ばれた習俗や信仰の民俗地図を描き出す。 四六判３３４頁 '03

110 **チェス** 増川宏一

世界中に数億人の愛好者を持つチェスの起源と文化を、欧米における膨大な研究の蓄積を渉猟しつつ探り、日本への伝来の経緯から美術工芸品としてのチェスにおよぶ。 四六判２９８頁 '03

111 **海苔**（のり） 宮下章

海苔の歴史は厳しい自然とのたたかいの歴史だった――採取から養殖、加工、流通、消費に至る先人たちの苦難の歩みを史料と実地調査によって浮彫にする食物文化史。 四六判１７２頁 '03

112 **屋根** 檜皮葺と柿葺 原田多加司

屋根葺師一〇代の著者が、自らの体験と職人の本懐を語り、連綿として受け継がれてきた伝統の手わざを体系的にたどりつつ伝統技術の保存と継承の必要性を訴える。 四六判３４０頁 '03

113 **水族館** 鈴木克美

初期水族館の歩みを創始者たちの足跡を通して辿りなおし、水族館をめぐる社会の発展と風俗の変遷を描き出すとともにその未来像をさぐる初の〈日本水族館史〉の試み。 四六判２９０頁 '03

114 古着（ふるぎ） 朝岡康二

仕立てと着方、管理と保存、再生と再利用等にわたり衣生活の変容を近代の日常生活の変化として捉え直し、衣服をめぐるリサイクル文化が形成される経緯を描き出す。 四六判２９２頁 ’03

115 柿渋（かきしぶ） 今井敬潤

染料・塗料をはじめ生活百般の必需品であった柿渋の伝承を記録し、文献資料をもとにその製造技術と利用の実態を明らかにして、忘れられた豊かな生活技術を見直す。 四六判２９４頁 ’03

116-Ⅰ 道Ⅰ 武部健一

道の歴史を先史時代から説き起こし、古代律令制国家の要請によって駅路が設けられ、しだいに幹線道路として整えられてゆく経緯を技術史・社会史の両面からえがく。 四六判２４８頁 ’03

116-Ⅱ 道Ⅱ 武部健一

中世の鎌倉街道、近世の五街道、近代の開拓道路から現代の高速道路網までを通観し、道路を拓いた人々の手によって今日の交通ネットワークが形成された歴史を語る。 四六判２８０頁 ’03

117 かまど 狩野敏次

日常の煮炊きの道具であるとともに祭りと信仰に重要な位置を占めてきたカマドをめぐる忘れられた伝承を掘り起こし、民俗空間の壮大なコスモロジーを浮彫りにする。 四六判２９２頁 ’04

118-Ⅰ 里山Ⅰ 有岡利幸

縄文時代から近世までの里山の変遷を人々の暮らしと植生の変化の両面から跡づけ、その源流を記紀万葉に描かれた里山の景観や大和・三輪山の古記録・伝承等に探る。 四六判２７６頁 ’04

118-Ⅱ 里山Ⅱ 有岡利幸

明治の地租改正による山林の混乱、相次ぐ戦争による山野の荒廃、エネルギー革命、高度成長による大規模開発など、近代化の荒波に翻弄される里山の見直しを説く。 四六判２７４頁 ’04

119 有用植物 菅 洋

人間生活に不可欠のものとして利用されてきた身近な植物たちの来歴と栽培・育種・品種改良・伝播の経緯を平易に語り、植物と共に歩んだ文明の足跡を浮彫にする。 四六判３２４頁 ’04

120-Ⅰ 捕鯨Ⅰ 山下渉登

世界の海で展開された鯨と人間との格闘の歴史を振り返り、「大航海時代」の副産物として開始された捕鯨業の誕生以来四〇〇年にわたる盛衰の社会的背景をさぐる。 四六判３１４頁 ’04

120-Ⅱ 捕鯨Ⅱ 山下渉登

近代捕鯨の登場により鯨資源の激減を招き、捕鯨の規制・管理のための国際条約締結に至る経緯をたどり、グローバルな課題としての自然環境問題を浮き彫りにする。 四六判３１２頁 ’04

121 紅花（べにばな） 竹内淳子

栽培、加工、流通、利用の実際を現地に探訪して紅花とかかわってきた人々からの聞き書きを集成し、忘れられた〈紅花文化〉を復元しつつその豊かな味わいを見直す。 四六判３４６頁 ’04

122-Ⅰ もののけⅠ 山内昶

日本の妖怪変化、未開社会の〈マナ〉、西欧の悪魔やデーモンを比較考察し、名づけ得ぬ未知の対象を指す万能のゼロ記号〈もの〉をめぐる人類文化史を跡づける博物誌。 四六判３２０頁 ’04

122-Ⅱ ものの け Ⅱ 山内昶

日本の鬼、古代ギリシアのダイモン、中世の異端狩り・魔女狩り等々をめぐり、自然＝カオスと文化＝コスモスの対立の中で〈野生の思考〉が果たしてきた役割をさぐる。四六判２８０頁 '04

123 染織（そめおり） 福井貞子

自らの体験と厖大な残存資料をもとに、糸づくりから織り、染めにわたる手づくりの豊かな生活文化を見直す。創意にみちた手わざのかずかずを復元する庶民生活誌。四六判２９４頁 '05

124-Ⅰ 動物民俗 Ⅰ 長澤武

神として崇められたクマやシカをはじめ、人間にとって不可欠の鳥獣や魚、さらには人間を脅かす動物など、多種多様な動物たちと交流してきた人々の暮らしの民俗誌。四六判２６４頁 '05

124-Ⅱ 動物民俗 Ⅱ 長澤武

動物の捕獲法をめぐる各地の伝承を紹介するとともに、全国で語り継がれてきた多彩な動物民話・昔話を渉猟し、暮らしの中で培われた動物フォークロアの世界を描く。四六判２６６頁 '05

125 粉（こな） 三輪茂雄

粉体の研究をライフワークとする著者が、粉食の発見からナノテクノロジーまで、人類文明の歩みを〈粉〉の視点から捉え直した壮大なスケールの〈文明の粉体史観〉 四六判３０２頁 '05

126 亀（かめ） 矢野憲一

浦島伝説や「兎と亀」の昔話によって親しまれてきた亀のイメージの起源を探り、古代の亀卜の方法から、亀にまつわる信仰と迷信、鼈甲細工やスッポン料理におよぶ。四六判３３０頁 '05

127 カツオ漁 川島秀一

一本釣り、カツオ漁場、船上の生活、船霊信仰、祭りと禁忌など、カツオ漁にまつわる漁師たちの伝承を集成し、黒潮に沿って伝えられた漁民たちの文化を掘り起こす。四六判３７０頁 '05

128 裂織（さきおり） 佐藤利夫

木綿の風合いと強靭さを生かした裂織の技と美をすぐれたリサイクル文化として見なおす。東西文化の中継地・佐渡の古老たちからの聞書をもとに歴史と民俗をえがく。四六判３０８頁 '05

129 イチョウ 今野敏雄

「生きた化石」として珍重されてきたイチョウの生い立ちと人々の生活文化とのかかわりの歴史をたどり、この最古の樹木に秘められたパワーを最新の中国文献にさぐる。四六判３１２頁〔品切〕 '05

130 広告 八巻俊雄

のれん、看板、引札からインターネット広告までを通観し、いつの時代にも広告が人々の暮らしと密接にかかわって独自の文化を形成してきた経緯を描く広告の文化史。四六判２７６頁 '06

131-Ⅰ 漆（うるし） Ⅰ 四柳嘉章

全国各地で発掘された考古資料を対象に科学的解析を行ない、縄文時代から現代に至る漆の技術と文化を跡づける試み。漆が日本人の生活と精神に与えた影響を探る。四六判２７４頁 '06

131-Ⅱ 漆（うるし） Ⅱ 四柳嘉章

遺跡や寺院等に遺る漆器を分析し体系づけるとともに、絵巻物や文学作品の考証を通じて、職人や産地の形成、漆工芸の地場産業としての発展の経緯などを考察する。四六判２１６頁 '06

132 **まな板** 石村眞一

日本、アジア、ヨーロッパ各地のフィールド調査と考古・文献・絵画・写真資料をもとにまな板の素材・構造・使用法を分類し、多様な食文化とのかかわりをさぐる。 四六判372頁 '06

133-Ⅰ **鮭・鱒**（さけ・ます）Ⅰ 赤羽正春

鮭・鱒をめぐる民俗研究の前史から現在までを概観するとともに、原初的な漁法から商業的漁法にわたる多彩な漁法と用具、漁場と社会組織の関係などを明らかにする。 四六判292頁 '06

133-Ⅱ **鮭・鱒**（さけ・ます）Ⅱ 赤羽正春

鮭漁をめぐる行事、鮭捕り衆の生活等を聞き取りによって再現し、人工孵化事業の発展とそれを担った先人たちの業績を明らかにするとともに、鮭・鱒の料理におよぶ。 四六判352頁 '06

134 **遊戯** その歴史と研究の歩み 増川宏一

古代から現代まで、日本と世界の遊戯の歴史を概説し、内外の研究者との交流の中で得られた最新の知見をもとに、研究の出発点と目的を論じ、現状と未来を展望する。 四六判296頁 '06

135 **石干見**（いしひみ） 田和正孝編

沿岸部に石垣を築き、潮汐作用を利用して漁獲する原初的漁法を日・韓・台に残る遺構と伝承の調査・分析をもとに復元し、東アジアの伝統的漁撈文化を浮彫りにする。 四六判332頁 '07

136 **看板** 岩井宏實

江戸時代から明治・大正・昭和初期までの看板の歴史を生活文化史の視点から考察し、多種多様な生業の起源と変遷を多数の図版をもとに紹介する〈図説商売往来〉。 四六判266頁 '07

137-Ⅰ **桜Ⅰ** 有岡利幸

そのルーツと生態から説きおこし、和歌や物語に描かれた古代社会の桜観から「花は桜木、人は武士」の江戸の花見の流行まで、日本人と桜のかかわりの歴史をさぐる。 四六判382頁 '07

137-Ⅱ **桜Ⅱ** 有岡利幸

明治以後、軍国主義と愛国心のシンボルとして政治的に利用されてきた桜の近代史を辿るとともに、日本人の生活と共に歩んだ「咲く花、散る花」の栄枯盛衰を描く。 四六判400頁 '07

138 **麴**（こうじ） 一島英治

日本の気候風土の中で稲作と共に育まれた麴菌のすぐれたはたらきの秘密を探り、醸造化学に携わった人々の足跡をたどりつつ醱酵食品と日本人の食生活文化を考える。 四六判244頁 '07

139 **河岸**（かし） 川名登

近世初頭、河川水運の隆盛と共に物流のターミナルとして賑わい、船旅や遊廓などをもたらした河岸（川の港）の盛衰を河岸に生きる人々の暮らしの変遷としてえがく。 四六判300頁 '07

140 **神饌**（しんせん） 岩井宏實／日和祐樹

土地に古くから伝わる食物を神に捧げる神饌儀礼に祭りの本義を探り、近畿地方主要神社の伝統的儀礼をつぶさに調査して、豊富な写真と共にその実際を明らかにする。 四六判374頁 '07

141 **駕籠**（かご） 櫻井芳昭

その様式、利用の実態、地域ごとの特色、車の利用を抑制する交通政策との関連から駕籠かきたちの風俗までを明らかにし、日本交通史の知られざる側面に光を当てる。 四六判294頁 '07

142 追込漁（おいこみりょう） 川島秀一
沖縄の島々をはじめ、日本各地で今なお行なわれている沿岸漁撈を実地に精査し、魚の生態と自然条件を知り尽した漁師たちの知恵と技を見直しつつ漁業の原点を探る。 四六判３６８頁 '08

143 人魚（にんぎょ） 田辺悟
ロマンとファンタジーに彩られて世界各地に伝承される人魚の実像をもとめて東西の人魚誌を渉猟し、フィールド調査と膨大な資料をもとに集成したマーメイド百科。 四六判３５２頁 '08

144 熊（くま） 赤羽正春
狩人たちからの聞き書きをもとに、かつては神として崇められた熊と人間との精神史的な関係をさぐり、熊を通して人間の生存可能性にもおよぶユニークな動物文化史。 四六判３８４頁 '08

145 秋の七草 有岡利幸
『万葉集』で山上憶良がうたいあげて以来、千数百年にわたり秋を代表する植物として日本人にめでられてきた七種の草花の知られざる伝承を掘り起こす植物文化誌。 四六判３０６頁 '08

146 春の七草 有岡利幸
厳しい冬の季節に芽吹く若菜に大地の生命力を感じ、春の到来を祝い新年の息災を願う「七草粥」などとして食生活の中に巧みに取り入れてきた古人たちの知恵を探る。 四六判２７２頁 '08

147 木綿再生 福井貞子
自らの人生遍歴と木綿を愛する人々との出会いを織り重ねて綴り、優れた文化遺産としての木綿衣料を紹介しつつ、リサイクル文化としての木綿再生のみちを模索する。 四六判２６６頁 '09

148 紫（むらさき） 竹内淳子
今や絶滅危惧種となった紫草（ムラサキ）を育てる人びと、伝統の紫根染を今に伝える人びとを全国にたずね、貝紫染の始原を求めて吉野ヶ里におよぶ「むらさき紀行」。 四六判３２４頁 '09

149-Ⅰ 杉Ⅰ 有岡利幸
その生態、天然分布の状況から各地における栽培・育種、利用にいたる歩みを弥生時代から今日までの人間の営みの中で捉えなおし、わが国林業史を展望しつつ描き出す。 四六判２８２頁 '10

149-Ⅱ 杉Ⅱ 有岡利幸
古来神の降臨する木として崇められるとともに生活のさまざまな場面で活用され、絵画や詩歌に描かれてきた杉の文化をたどり、さらに「スギ花粉症」の原因を追究する。 四六判２７８頁 '10

150 井戸 秋田裕毅（大橋信弥編）
弥生中期になぜ井戸は突然出現するのか。飲料水など生活用水ではなく、祭祀用の聖なる水を得るためだったのではないか。目的や構造の変遷、宗教との関わりをたどる。 四六判２６０頁 '10

151 楠（くすのき） 矢野憲一／矢野高陽
語源と字源、分布と繁殖、文学や美術における楠から医薬品としての利用、キューピー人形や樟脳の船まで、楠と人間の関わりの歴史を辿りつつ自然保護の問題に及ぶ。 四六判３３４頁 '10

152 温室 平野恵
温室は明治時代に欧米から輸入された印象があるが、じつは江戸時代半ばから「むろ」という名の保温設備があった。絵巻や小説、遺跡などより浮かび上がる歴史。 四六判３１０頁 '10

153 檜（ひのき）　有岡利幸

建築・木彫・木材工芸に最良の材としてわが国の〈木の文化〉に重要な役割を果たしてきた檜。その生態から保護・育成・生産・流通・加工までの変遷をたどる。　四六判３２０頁 '11

154 落花生　前田和美

南米原産の落花生が大航海時代にアフリカ経由で世界各地に伝播していく歴史をたどるとともに、日本で栽培を始めた先覚者や食文化との関わりを紹介する。　四六判３１２頁 '11

155 イルカ（海豚）　田辺悟

神話・伝説の中のイルカ、イルカをめぐる信仰から、漁撈伝承、食文化の伝統と保護運動の対立までを幅広くとりあげ、ヒトと動物との関係はいかにあるべきかを問う。　四六判３３０頁 '11

156 輿（こし）　櫻井芳昭

古代から明治初期まで、千二百年以上にわたって用いられてきた輿の種類と変遷を探り、天皇の行幸や斎王群行、姫君たちの輿入れにおける使用の実態を明らかにする。　四六判２５２頁 '11